Success15 12

サクセス15
December 2012

http://success.waseda-ac.net/

CONTENTS

REGULAR LESSONS

information
ーインフォメーションー

早稲田アカデミー
各イベントのご紹介です。
お気軽にお問い合わせください。

小1〜中3 冬期講習会 受付中

12/26(水)〜29(土)・1/4(金)〜7(月)

※校舎により日程が異なる場合がございます。

冬期講習会で実力アップ！やる気アップ！

はじめるなら早稲アカ!!

毎回の授業でテストを実施！学力の伸びが確認できる！

総復習で実力アップ
- 一年間の総復習ができる！
- 全8日間の集中特訓！
- 熱い先生が君を待っている！

早稲アカなら効率よく勉強できる
- 1クラス平均15〜16名の少人数制授業！
- 学力別のクラスで無理なく学習できる！
- ライバルと一緒、友達と一緒、だからやる気がでる！

冬期講習会は飛躍のチャンス！

冬期講習会では、2学期の学習内容に重点をおきながら、1年間の総まとめ・総仕上げを行います。8日間の集中特訓の中で復習のための学習と総合力養成のためのテストゼミをバランスよく取り入れて行います。

受験学年にとっては最終調整を行う場です。今まで培ってきたものを冬期講習会でより高いレベルにするための充実した8日間をご提供します。

クラス分けテスト

希望者には個別カウンセリング実施

毎週 土曜日 14:00〜

※学年により終了時間が異なります。

[小学生] ▶ 算数・国語 [中学生] ▶ 数学・国語・英語

小5S・小6Sは理社も実施

●受付時間 ▶平日／12：00〜20：30 ●テスト代 ▶ 2,000円

※小1・小2はクラス分けテストはありません。

無料体験授業受付中

早稲田アカデミーでは大切な冬の勉強の前に無料の体験授業を実施しています。早稲田アカデミーの授業の雰囲気を知る絶好の機会です。お気軽にご参加ください。

いつもと違う環境でさらにレベルアップ！

正月特訓

中2・中3 対象

中2 実力アップ 正月特訓 実力と自信。この2つが身に付きます。

12月30日、1月2日・3日［全3日間］ 9:00〜17:00 28,000円（塾生25,000円）

中3 入試直前 正月特訓 得点力アップは間違いなし！

12月30日〜1月3日［全5日間］ 8:30〜17:30 51,000円（塾生48,000円）

5年連続 全国No.1 **開成高 88名合格！**（東大合格者数最多）（定員100名）

4年連続 全国No.1 **慶女高 78名合格！**（女子私立最難関）（定員100名）

都立最難関 **都立日比谷高 67名合格！**

全国No.1 **筑駒高 20名合格！**（首都圏最難関）（定員約40名）

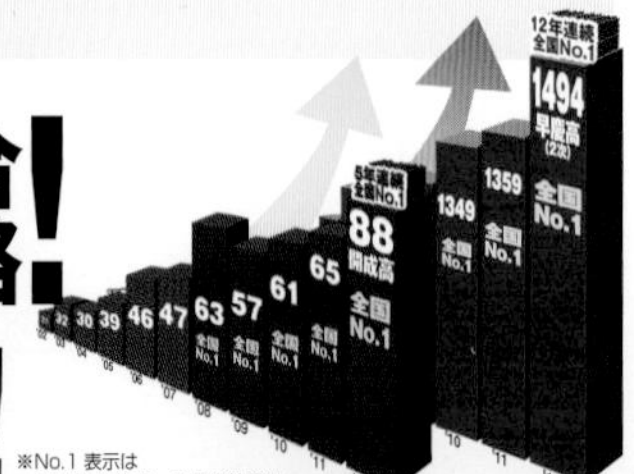

※No.1表示は2012年2月・3月当社調べ

03（5954）1731まで 受付時間 12：00〜20：30（日・祝除く）

詳しいパンフレットお送りします

一流中学
高校受験

早稲田アカデミー

早稲田アカデミー
イメージキャラクター
伊藤萌々香（Fairies）

WINTER WIN! 2012

この冬、夢がぐっと
近くなる！

小1～中3
受付中！

冬期講習会

WINTERWIN! 2012 3大特典キャンペーン

特典1 お問い合わせ者全員に！
クリアフォルダ プレゼント

12/26までにお問い合わせ頂いた方全員に「クリアフォルダ(2枚組)」をプレゼント致します。

特典2 入塾手続き者全員に！
わせあかぐまペン＆ペンケースセット プレゼント

12/26までに入塾手続きをされた方全員に「わせあかぐまペン」(4色のうち1本)と「ペンケースセット」(青またはピンク)をプレゼント致します。

特典3 入塾手続き者全員に！
入塾金を10,500円減額！ 減額

通常入塾金が21,000円のコース ▶ 10,500円に！
通常入塾金が10,500円のコース ▶ 無料に！

12/26までに入塾手続きをされた方を対象に入塾金を10,500円減額致します。

■ 2012年高校入試

12年連続 全国No.1 **早慶附属高（2次）1494名合格！**（7校定員 約1720名）

●お申し込み・お問い合せは　パソコン・携帯で　早稲田アカデミー　検索　お電話で　本部教務部

オープン模試で力試し!

開成・国立附属・早慶附属高合格へ向けて今からスタート!!

中1・中2 難関チャレンジ公開模試

首都圏で圧倒的な実績を誇る早稲田アカデミーが主催する、開成・国立附属・早慶附属高校をはじめとする難関校志望者のための公開模試です。現時点での難関校合格に向けてのスタンダードな応用力を判定します。テスト後には、速報結果としてのWeb帳票の閲覧が可能となり、復習を最速で済ませることができます。またより詳しい帳票も発行し、今後の学習につながるアドバイスを提示していきます。

12/2(日)

Web帳票で速報!!
Web帳票
詳細な帳票で学習アドバイス

- 時間 8:20～
- 費用 4,000円
- 対象 中1・中2生
- 会場 早稲田アカデミー全28会場
- 試験時間

マスター記入	8:30～ 8:45
国語	8:45～ 9:30
英語	9:45～10:30
数学	10:45～11:30
社会	11:45～12:10
理科	12:20～12:45

3科・5科選択できます。

開成・国立附属・早慶附属高を中心とした首都圏難関校を目指す中1・中2生のみなさんへ

試験範囲		中1	中2
	英語	be動詞・一般動詞の総合、複数形、代名詞の格、疑問詞、時刻・曜日	中1の復習 助動詞、不定詞、動名詞、比較、受動態、名詞、冠詞、代名詞、前置詞、接続詞、文型
	数学	正負の数、文字と式、方程式、比例と反比例、平面図形	中1全範囲、式の計算、連立方程式、不等式、一次関数、図形
	国語	読解総合、漢字、文法(体言・用言・主語・述語・修飾語、言葉の係り受け、文節単語)	読解総合、漢字、文法(助動詞)、語句関係、古典
	理科	身のまわりの物質、植物の世界	中1全範囲、化学変化と原子・分子、動物の世界
	社会	地理:世界地理 歴史:原始～中世	地理:世界地理・日本地理 歴史:原始～近世

公立中学進学者対象イベント

小6 公立中学進学者対象

実力診断 ～早稲アカ夢テスト～®

その先にあるのは輝く未来! やるぞ! 伸ばすぞ! 可能性!

無料

夢 小6実力診断テスト

新中1のスタートダッシュは私達にお任せください。

- 算数・国語・理社の定着度をチェック
- 詳しい帳票で将来の進路を占う

【テスト】10:00～12:10　【料金】無料
【会場】早稲田アカデミー各校舎(WAC除く)
【進学講演会】10:15～12:00

12/8(土)

詳細はホームページをご覧ください。

ネット・携帯で簡単申込み!!

同時開催

保護者対象 **公立中学進学講演会** 無料

公立中学校進学を控えるお子様をお持ちの保護者を対象に、「公立中学進学講演会」をテストと同時開催します。この講演会では、地域ごとの中学校の情報や、その地域ならではの進学情報をお伝えします。また、中学校の学習・部活動など、総合的な中学校生活の留意点もお伝えします。

※講演会のみのご参加も受け付けております。

最寄りの早稲田アカデミー各校舎または本部教務部 03(5954)1731まで。

早稲田アカデミー 検索 http://www.waseda-ac.co.jp

秋フェス

早稲田アカデミー主催

秋の学校・教育フェスティバル

～有名高校進学講演会～

今年も秋フェスに多くの参加者が集まりました!

毎年９月下旬から11月上旬にかけて早稲田アカデミーが主催している「早稲アカ秋フェス～秋の学校・教育フェスティバル～」が今年も開催されました。

この秋フェスは、有名な高校の先生がたによる講演会なのですが、一度に複数の学校の情報を得られるということで、毎年たくさんの保護者のかたが参加されています。

今年は有名私立高校講演会５回、難関公立高校講演会４回の全９回にわたり、私立高校14校、公立高校16校の全30校の先生がたがご講演されました。各学校の教育理念や校風、来春の入試情報などに関するお話があり、ご来場された保護者のみな様は熱心にメモを取っていらっしゃいました。

高校入試の状況は、地域によって差はありますが、毎年変化します。みなさんも機会があれば秋フェスに参加してみてはいかがでしょうか。

①熱心に話を聞く参加者のようす（早大学院・立教新座高校進学講演会）②埼玉県では６つの公立高校の先生がたがご講演されました（埼玉県公立トップ校進学講演会）③早稲田アカデミー千葉ブロック統括副責任者兼海浜幕張校校長　中里英樹先生による開演のあいさつ（千葉県難関私立高校進学講演会）④首都圏の高校入試状況について話す早稲田アカデミー高校入試部門統括責任者　酒井和寿先生（早大系高校進学講演会）⑤都立高校の講演会にもたくさんの保護者が参加されました（第３回難関都立高校進学講演会）

①

②

③

④

⑤

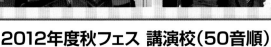

2012年度秋フェス 講演校（50音順）

■ 有名私立高校進学講演会

９月26日「千葉県難関私立高校進学講演会」
市川高校・渋谷教育学園幕張高校・東邦大学付属東邦高校

10月４日「早大学院・立教新座高校進学講演会」
立教新座高校・早稲田大学高等学院

18日「中大系高校進学講演会」
中央大学高校・中央大学杉並高校・中央大学附属高校

24日「青学・ＩＣＵ・法政・明大明治高校進学講演会」
青山学院高等部・国際基督教大学高校・法政大学高校・明治大学付属明治高校

24日「早大系高校進学講演会」
早稲田大学系属早稲田実業学校高等部・早稲田大学本庄高等学院

■ 難関公立高校進学講演会

10月５日「埼玉県公立トップ校進学講演会」
【女子校】浦和第一女子高校・川越女子高校
【共学校】大宮高校・さいたま市立浦和高校
【男子校】浦和高校・春日部高校・川越高校

10日「第１回難関都立高校進学講演会」
国立高校・立川高校・八王子東高校

11日「第２回難関都立高校進学講演会」
青山高校・駒場高校・三田高校

17日「第３回難関都立高校進学講演会」
戸山高校・日比谷高校・西高校

このほか、11月７日に早稲田アカデミーの先生による「難関都立高校受験セミナー」が実施されました。

憧れの大学を

大学キャンパスツアー特集

キャンパスツアーってなに？

キャンパスツアーとは、実際にその大学に通う学生などがキャンパス内を案内してくれるツアーのことです。学校単位での団体、または個人を対象として、さまざまな大学が独自のキャンパスツアーを実施しています。普段はなかなか行く機会のない大学の様子を実際に見ることができます。

そのようなツアーが各大学で企画されているほど、大学には歴史的な建物も多くあります。有名な建物を見て歩いたり、ガイドの学生と話したり、大学の雰囲気をゆっくり味わえるのがキャンパスツアーです。

キャンパスツアーの魅力

キャンパスツアーの魅力はなんと言っても、ツアーガイドの学生とコミュニケーションを取りながらキャンパスを見学することができるところです。

ガイドの学生はキャンパスをめぐりながら、建物にまつわるエピソードや大学生活についてなど､いろいろな話をしてくれます。話を聞きながらキャンパスを歩けば、大学についてより興味が湧いてきます。その大学の学生だからこそ、参加者の素朴な質問にも答えてくれて、そんな優しさに触れることができるのもツアーの魅力の１つです。

見に行こう！

**みなさんは大学キャンパスツアーをご存じですか？

このツアーでは、普段はなかなか入る機会がない大学のキャンパス内を、歩いて見て回ることができるんです。

そこで今回は、立教大学と早稲田大学のキャンパスツアーに行ってきました！

それぞれの大学のキャンパスツアーの魅力についてご紹介します。**

だれでも参加できるの？

　次のページからご紹介する早稲田大学と立教大学のキャンパスツアーは、だれでも参加することができます。ただし、キャンパスツアーを実施している大学によっては、参加者を高校生以上の受験生のみとしているところもありますので、各大学のキャンパスツアー申込みページをよく確認しましょう。

　また、ツアー以外で大学を見学できる機会には、学園祭やオープンキャンパスなどもあります。

参加するには？

　ツアーに参加するには、多くの場合事前に参加予約をする必要があります。キャンパスツアーや見学方法については、各大学のホームページに詳しく掲載されていますので、実施日時や参加年齢に制限があるか、参加方法などをよく読んでから申し込みましょう。大学によっては、キャンパスツアーはオープンキャンパスの時期のみ実施しているというところもあるので、注意が必要です。

早稲田大学

早稲田キャンパス

大隈記念講堂、中央図書館、大隈重信像、これぞ早稲田なキャンパスツアー

早稲田大学ツアーガイド
八木原（やぎはら） 寛悟（かんご）さん
人間科学部　人間環境科学科
学園祭運営部所属　4年生

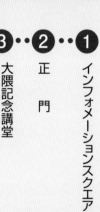

早大には早稲田・戸山・西早稲田・所沢と4つのキャンパスがあり、それぞれでキャンパスツアーを行っています。今回は、大隈記念講堂や大隈重信銅像のある早稲田キャンパスのツアーに参加しました。

まずは正門近くのインフォメーションスクエアに集合し、20名ずつのグループに分かれて出発します。この日は土曜日ということもあり、約40名の参加者が集まりました。今回のガイド、人間科学部4年生の八木原さんは、1年生のころからツアーガイドを始め、150回以上のガイド経験を持つベテランガイド。解説時には写真や資料を入れたクリアファイルを掲げながら、わかりやすく、楽しく、キャンパスの見どころを案内してくれました。

「高校生のときに早大のキャンパスツアーに参加し、そのときのガイドのかたが本当に楽しく大学を紹介してくれたことに感銘を受けて自分もガイドになりました。大学生活の楽しさや、実際に来てみなければわからない大学の雰囲気を伝えられたらと思っています。」（八木原さん）

最初に訪れたのは、国の重要文化財にも指定されている大隈記念講堂。ツアーでは、普段は公開していない時計室に入ることができます。

次は、建て替え工事中の3号館と入学センターのある1号館の横を通り、『小説神髄』などで知られる坪内逍遙の古稀（こき）（70歳）とシェイクスピア全訳の偉業を記念して建てられた坪内博士記念演劇博物館へ。博物館の横には早大の教授を務めた坪内逍遙の銅像があり、この銅像と握手をすると早大と縁ができるという言い伝えがあるそうで、参加者のみなさんも順番に握手をしていました。

そのあとはガラス張りのデザインが印象的な社会科学部の14号館を通り、教育学部が使用する16号館、そして大学生協で10分間の休憩をはさみ、早大にある図書関連施設のなかで一番大きな中央図書館へと進みます。なかに入り、充実した図書施設で勉強に励む学生の姿を見ることができました。

続いて商学部・国際教養学部の11号館、法学部の8号館、早大創設者大隈重信の銅像というルートを通り、再び正門前に戻りツアーは終了です。

キャンパスの紹介だけではなく、学部の説明や大学のカリキュラム、サークル活動や学園祭の話など、早大についてもいろいろ知ることのできる1時間30分でした。

「ツアー参加後に『早大に行きたくなりました』という感想を聞くとうれしいです。ツアー参加者は高校生以上の受験生が多いのですが、早い時期から少しずつ将来について考えることは勉強のモチベーションにつながっていくと思うので、興味があれば中学生でも早大のキャンパスツアーに参加してほしいと思います。」（八木原さん）

坪内逍遙の銅像。左手で英語のテキストを持ち、右手を動かし発音のリズムを取りながら教壇に立った姿を表しています。

❶ インフォメーションスクエア
❷ 正門
❸ 大隈記念講堂
時計室にも入れます！

5
坪内博士記念演劇博物館。イギリスのフォーチュン座という劇場を模して作られています。日本唯一の演劇の博物館で、貴重な資料がたくさん。ツアーのあとに見てみるのもいいですね。

大学ではホームルームがないので、学生への情報はこうした掲示板が使われます。

3
ゴシック様式が歴史を感じさせる大隈記念講堂。塔の上部にある時計室を見られるのはキャンパスツアーのみ。塔の先端部分、じつは早稲田の「W」の形になっています。

7
環境に配慮されたつくりと、マルチメディア機器の充実が特徴の14号館。

3号館は現在工事中。みんなが大学生になるころには完成しているかも？！

ガイド八木原さんの
早稲田キャンパス おすすめスポット！

1位　大隈記念講堂
早大のシンボル的な建物であり、歴史を感じることもできます。ツアーでしか入れない時計室も必見。

2位　中央図書館
蔵書数の多さや図書館で勉強している学生の姿からアカデミックな大学の様子を見てほしいです。

3位　大隈重信銅像
ここは学生の往来が多いので、早大生の普段の姿やキャンパスの雰囲気を感じてもらえると思います。

- 4 1号館（入学センター）
- 5 坪内博士記念演劇博物館　大学のなかに博物館が！
- 6 坪内博士銅像　握手すると早大と縁ができるとか…
- 7 14号館（社会科学部）
- 8 16号館（教育学部）
- 9 大学生協　ここで10分休憩…生協で早大グッズも買えますよ！
- 10 中央図書館　図書館のなかも見学できます！
- 11 11号館（商学部・国際教養学部）
- 12 8号館（法学部）
- 13 大隈重信銅像

早稲田大学キャンパスツアー 早稲田キャンパス

実施日：原則、授業期間中の毎週金曜・土曜
時　間：金曜 14:00〜15:30
　土曜 ①10:30〜12:00（隔週）
　②14:00〜15:30
人　数：各回約20名
要予約。キャンパスツアーはほかに西早稲田キャンパス、戸山キャンパス&学生会館、所沢キャンパスでも実施している（実施日・時間は早稲田キャンパスツアーとは異なります）
TEL：広報課インフォメーションスクエア
03-5286-1276
URL：
http://www.waseda.jp/jp/global/guide/tour/

8
法学部のある8号館。

10
中央図書館。なかに飾られている平山郁夫の「熊野地・古道」という絵はどの角度から見ても描かれている道が自分の方を向いて見えるという不思議な絵です。そのほか、中央図書館には隠れミッキーならぬ隠れWも多数。

13
大隈重信銅像。

9
大学生協。早稲田グッズもたくさんあります。

立教大学

池袋キャンパス

立教大学のレンガ造りのキャンパスを見て歩こう！

立教大学ツアーガイド
長谷川 俊（はせがわ しゅん）さん
理学部 生命理学科 3年次生
聖歌隊所属

内田 明宏（うちだ あきひろ）さん
社会学部 現代文化学科 4年次生
サッカー愛好会所属

ツタに覆われたレンガ造りの建物や歴史的建造物がキャンパス内に立ち並ぶ立教大。このキャンパスを多くの人に見てもらいたいと10年ほど前から行われている、立教大のキャンパスツアーに参加してきました。

ツアーガイドは、立教大の魅力を伝えたいという想いを持った学生が務めています。少人数に対してガイドが1名ついて周るので、参加者の希望を取り入れたルートでまわってくれるのがこのツアーのいいところです。

基本的に毎回10名前後で行われ、この日の参加者は受験を控える親子や、1人で参加している高校生など合わせて11名でした。2グループに分かれ、いよいよ約40分間のキャンパスツアーのスタートです。

ガイドを務めてくれたのは理学部3年次生の長谷川俊さんです。ガイド2年目の長谷川さんは「入学前のことでも入学後のことでも、なんでも聞いてください」と参加者に自己紹介をしました。

太刀川記念館をスタートして、順番に教室棟を見学し、次に向かったのは、大学内にある4つの図書館を合併して新しく開館した池袋図書館です。できたばかりの図書館はとてもきれいで、大学ならではの雰囲気に参加した高校生たちは目を輝かせていました。

続いて、来年夏にリニューアル完了予定のチャペル会館、講堂のタッカーホールを見学し、ちょうどキャンパスの中心あたりの地点にきました。ここからは、立教生なら無料で受診できる診療所や、キャンパス内で最も高い建物のマキムホール（15号館）が臨めます。

そして立教大が誇る立教学院諸聖徒礼拝堂（チャペル）、シンボルでもあるレンガ造りの本館（モリス館／1号館）を見学し、第一食堂でツアー終了です。

内容の濃い40分間で、参加者たちは立教大の魅力を存分に感じることができました。

キャンパスをめぐっていくなかでは、参加者からの素朴な質問に長谷川さんが親身になって答える場面も多々見られました。そんな学生の優しさに触れることができるのも、キャンパスツアーならではです。

ガイドの学生も、参加者に気持ちが伝わり大学に関心を持ってもらえることにやりがいを感じているそうです。参加者と学生がお互いに楽しめることこそが、ツアーが10年以上も続いている秘訣なのかもしれません。

今回のツアーでもう1つのグループのガイドを務めた内田明宏さんは、「受験生がこのツアーに参加して、モチベーションを高めてくれたらうれしい」と語ってくれました。

立教大キャンパスツアーは授業期間中、毎月2回実施されています。みなさんもキャンパスを見学しに、また学生との楽しいひとときを過ごしに立教大のキャンパスツアーに参加してみてください。

3 さまざまなサークルの部室が集まっています。自由なスペースでは、勉強する人やギターを弾く人もいます。

4 約300人収容できる大教室から小さな教室までが入っている14号館。いろいろな学部の学生が集まります。

❶ 太刀川記念館
こちらのホールでは国際シンポジウムなども行っています。
❷ 17号館
❸ ウィリアムズホール
❹ 14号館
❺ 10号館
❻ 4号館
❼ 13号館
科学科と生命科学科が実験時に使用してます。

19 本館前の２本の大きなヒマラヤ杉。クリスマスにはイルミネーションが点灯されます。

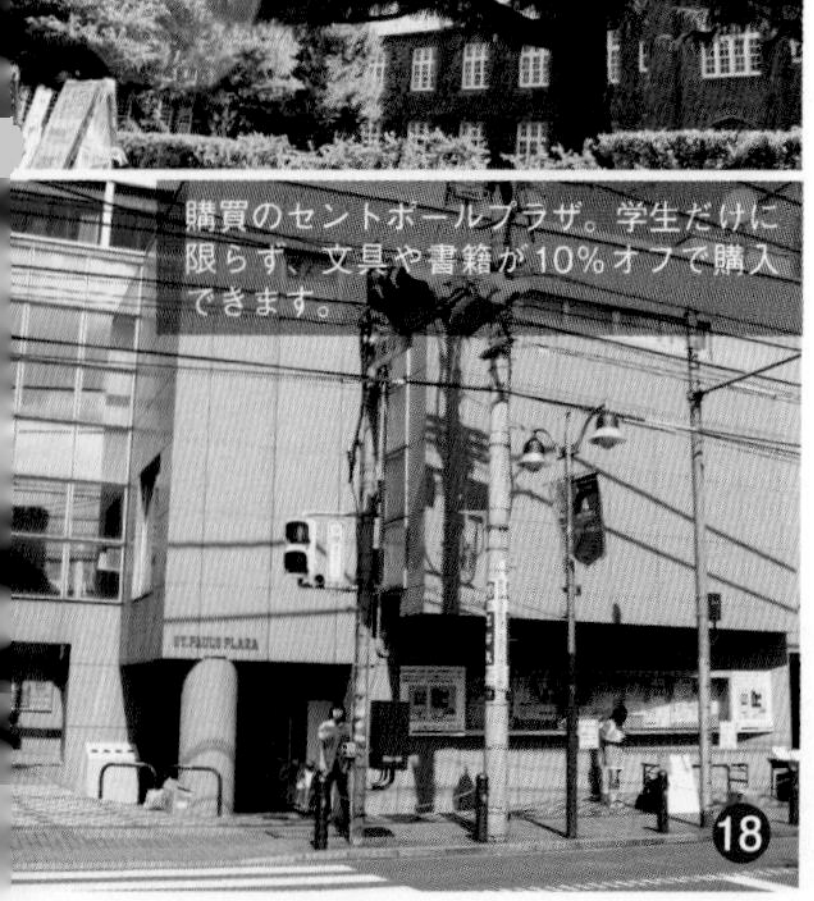

18 購買のセントポールプラザ。学生だけに限らず、文具や書籍が10%オフで購入できます。

21 本館の中には教室がたくさんあります。

チャペルの外観。ここでは昼休みなどにパイプオルガンのコンサートが行われることもあります。

17 立教大の卒業生はここで結婚式をあげることができます。1年先まで予約がいっぱいだとか…。

8 新設された池袋図書館。すでに多くの学生でにぎわっていました。

池袋図書館は地下2階から地上3階までの5層で、自習スペースも増えました。

8 **池袋図書館**
1階にはカフェも併設されています。

9 **チャペル会館（工事中）**

10 **タッカーホール**

11 **診療所・保健室棟**

12 **8号館**

13 **11号館**

14 **9号館**

15 **マキムホール（15号館）**

16 **入学センター**

17 **立教学院諸聖徒礼拝堂（チャペル）**
イギリスのケンブリッジ大学のチャペルをモデルにしています

18 **セントポールプラザ**

19 **正門**

20 **図書館本館**
東京都選定歴史的建造物に認定！

21 **本館（1号館／モリス館）**
本館前の2本のヒマラヤ杉は圧巻です。

22 **2号館**

23 **3号館**

24 **7号館**

25 **第一食堂**
天井が高く、落ち着いた雰囲気で学生たちの憩いの場です。

ガイド長谷川さんの

池袋キャンパス おすすめスポット！

1位　チャペル

キリスト教に基づく立教の特色がよく出ていると思います。

2位　正門から見る レンガ造りの雰囲気

12月には本館前のヒマラヤ杉を彩るイルミネーションも楽しめます。

3位　本館を抜けた芝生のところ

ここから見る本館は正門から見るのとちょっと違うのがポイントです。

立教大学キャンパスツアー 池袋キャンパス

実施日：原則、6・7・10・11・12・1月の授業期間中の指定の金曜（このほか、団体対象のツアーも実施しています）

時　間：11:00〜11:40

人　数：各回20名以内
要予約。キャンパスツアーは池袋キャンパスのみで実施。（新座キャンパスでも団体ツアーは実施しています）

ＴＥＬ：広報課　大学見学係
03-3985-2202

ＵＲＬ：http://www.rikkyo.ac.jp/campustour/

「受験生は本館のツタに触ると立教大に合格できるという」言い伝えがあります。

21 正門から眺める本館の風景は、立教のシンボルとも言えます。

25 第一食堂入り口にはラテン語で「食欲は理性に従うべし（日本語で言う"腹８分目"）」とユーモアのきいた言葉が書いてあります。

20 図書館として使用できるのは今年の秋まで。なかはまるでハリーポッターの映画に出てくるような雰囲気です。

高校生になったら

留学しよう

グローバル人材になるために国や自治体の留学支援制度を利用する

文部科学省は、今年、高校生の留学などを通じたグローバル人材の育成のための取り組みを大きく拡充しました。いま、国としても求められているグローバル人材。もしも将来留学を考えている人は、大学生になってからとは言わず、高校生のときから世界を見るのもいいかもしれません。国をはじめ自治体の留学支援や取り組みについて紹介し、実際に留学された方にお話を聞いてきました。

文部科学省（以下、文科省）の資料によると、２００４年度（平成16年度）の高校生の留学者数（３カ月以上）は４４０４人、２００６年度（平成18年度）には３９１３人、２００８年度（平成20年度）には、３１９０人と留学生の数が減少しています。

こうした、留学を希望しない内向き思考に対して文科省は、高校生の留学を促進させグローバル人材を育成するための事業に大きな予算を取りました。事業全体として、前年度５３００万円だったものが、新規事業も含めて2億３７００万円にもなりました。高校生の留学促進には２０１１年度（平成23年度）が約２７３０万円だったのに対し、２０１２年度（平成24年度）は約1億２２６０万円と約４・５倍です。文科省の力の入れ具合がわかります。

文科省では、高校生の国際交流の意義について、「異文化理解に極めて大きな意義を有する」「諸外国との友好親善の増進に寄与する」「大学レベルでの留学やその後の国際交流活動の拡大につながる」「とくに留学は、外国語（英語）運用能力の強化、コミュニケーション能力の向上など、グローバル人材の育成に効果がある」ととらえています。

この高校生の留学促進事業は、留学経

平成24年度　次世代リーダー育成道場研修生募集要項抜粋（東京都）

※今年度の募集は終了しています。

1 求める人材

世界や日本の将来を担い、様々な分野において活躍する志をもつ次世代のリーダーとなることを目指して、海外留学で学ぶことを希望する生徒

2 募集人員

都立高等学校生徒、都立附属中学校生徒及び都立中等教育学校生徒 150人

A（冬出発）コース 長期留学（平成 25年1月冬出発）を希望する生徒 50人

B（夏出発）コース 短期海外研修と長期留学（平成 25年夏出発）を希望する生徒 50人

C（短期派遣）コース 短期海外研修を希望する生徒 50人

3 海外派遣先

英語圏の国（アメリカ合衆国、カナダ、オーストラリア、ニュージーランドのいずれか）

なお、短期海外研修、長期留学とも、申込み時に研修先の国や都市を指定することはできない。

◎留学時期の異なる３コース

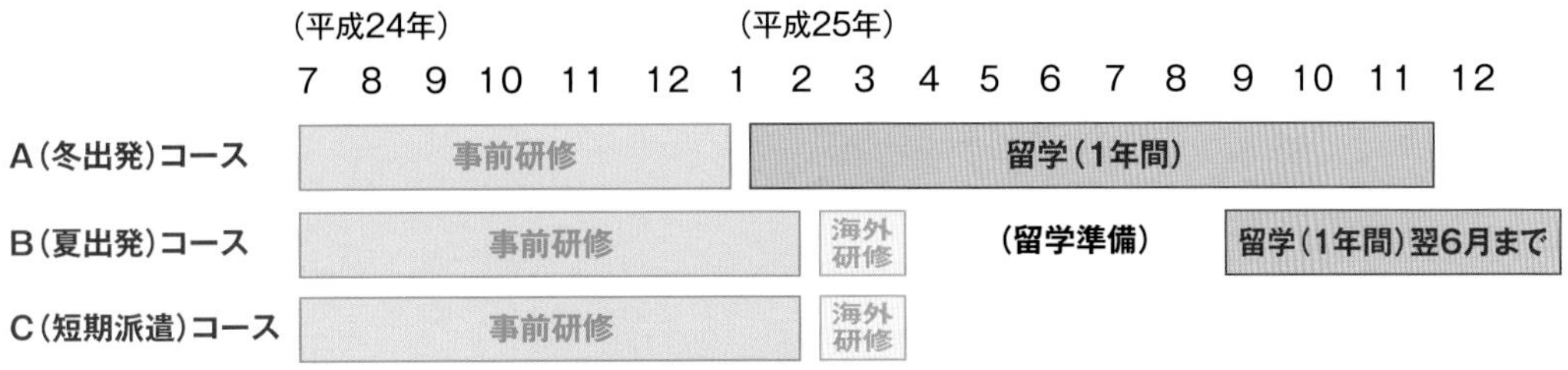

費を支援するもので、1人あたり40万円が支給され、返済の義務はありません。都道府県ごとに定員が決まっており、全国で合計300人となっています。ちなみに、茨城県が7人、埼玉県が10人、千葉県が25人、東京都が33人、神奈川県が10人となっています。

地方公共団体や高校生の留学・交流を扱う民間団体が主催する海外派遣プログラムや、個人留学など、行き先などは自分で調べて留学する必要がありますが、比較的大きな金額が必要な長期留学者にとってはありがたい制度です。

各学校を通じて都道府県教育委員会へ申し込みを行います。その際に必要な書類や審査方法などは各都道府県教育委員会によって異なります。

埼玉県が独自に留学支援
「埼玉発世界行き」

こうした国の制度とは別に、埼玉県では「埼玉発世界行き」というグローバル人材育成のための奨学金支給制度があります。独自の基金によって運営され（国から一部支援）、社会人や大学生を対象とした海外の大学への留学を支援するもののほかに、高校生を対象とした海外の高校への留学を支援しています。外国の高校へ3カ月以上の留学をする埼玉県内の高校に在籍する生徒を対象とし、私立・公立どちらの高校に在籍していても応募することができます。支給者数は50名程度（2012年度は54名）で、保護者の所得と留学期間によって最大60万円まで支給されます。

都立高生を対象とした
「次世代リーダー育成道場」

国や自治体では奨学金の支援という形が多いなかで、東京都は2012年、「次世代リーダー育成道場」と銘打った高校生のための海外留学支援制度を打ち出しました。これは都立高校生・都立中高一貫校生150名を対象としたもので、私立高校に通う生徒は応募できません。

A…事前研修後、冬に出発する1年間の長期留学コース、B…事前研修後1カ月の短期海外研修を受け、夏に出発する1年間の長期留学コース、C…事前研修後に1カ月の短期海外研修を受ける3つのコースがあります（上図）。事前研修を含めた長期留学としては当事者の負担が格安で（一部を都が負担）、3コース合計した応募者数は642名にのぼりました。

このような制度を利用することで、長期留学の金銭的な負担を軽減することができます。

将来英語を使って海外で働きたいという夢を持っている人などは、高校から海外へ留学することも考えてみませんか。

可能性を広げてみよう！

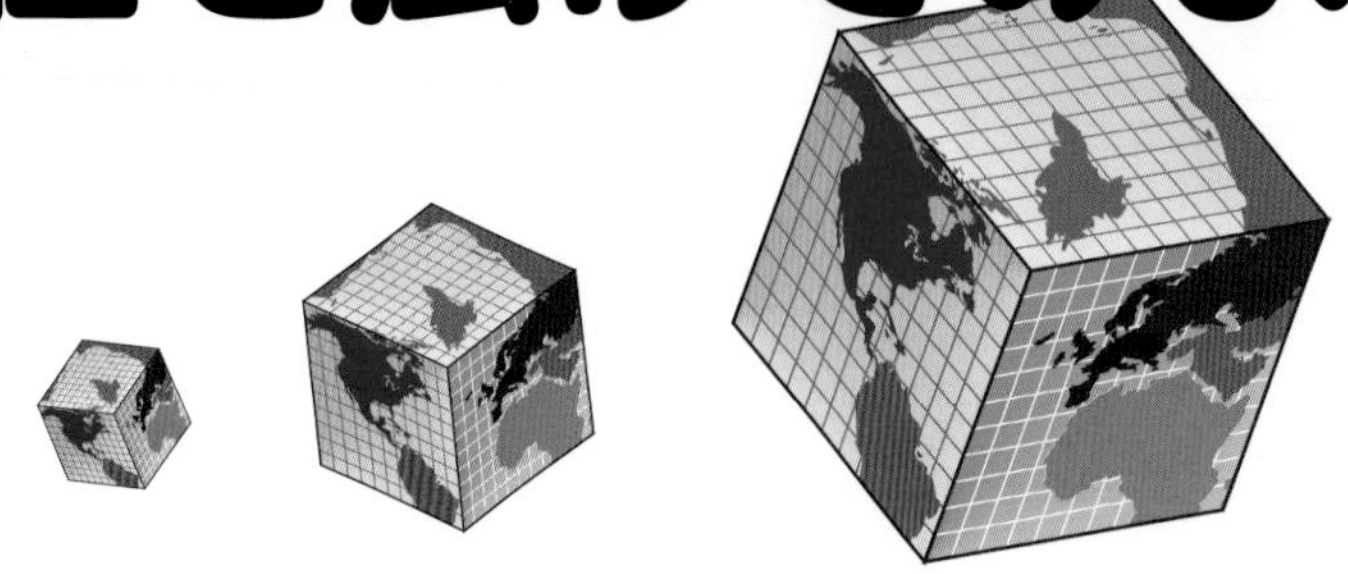

自分が知らない世界に出ていって世界を広げてみたかった

——海外留学をしようと思ったキッカケを教えてください。

梶谷颯希さん——（以下、颯希さん）小さいころから、多言語を学ぶ活動をしている団体に家族で入っていました。それで周りに海外留学をする人がたくさんいて、私もするんだなと漠然と思っていました。実際に中学生になったときにもう一度考えてみて、改めて自分が知らない世界に出ていってなにができるのだろう、自分の世界を広げてみたいと思ったのがキッカケです。

梶谷芽生さん——（以下、芽生さん）それにプラスして、私は普通の生活に物足りなさを感じていたというのもあります。

——留学先の国を決めた理由はなんでしょうか。

颯希さん——本当はスウェーデンかイタリアに行きたかったのですが、その団体には、すでにその2国へ行った人がいました。私はパイオニアになりたかったので、どうせなれないなら世界で多くの人が話す英語の国に行こうとアメリカにしました。

芽生さん——私は逆に、英語圏には行きたくなくて。英語は高校でしっかり授業を受ければ、大変ですがなんとかなると思ったんです。だから英語圏以外で考えました。また、建築や美術に興味があるので、本場でそういうものを見たいと考えてフランスに決めました。

——実際に留学生活を始めてみて驚いたことはありましたか。

颯希さん——私が過ごしたのはテキサス州のエル・パソという町で、ここは車でメキシコまで1時間ぐらいで行けちゃうところなんです。だからメキシコ人が多くて、授業はもちろん英語ですが、それ以外の場面では、メキシコ人同士はスペイン語で話していたり、学校でもスペイン語が聞こえてくるんですね。英語の準備はある程度していきましたが、まさか毎日スペイン語を聞く環境に置かれるとは思っていなかったのでビックリしました。

芽生さん——フランス語は日本の学校で教わることもなかったので、準備はしていきましたが、学校での授業がとくに大変で、とにかくもがきながら、という感じでした。

落ち着いたのはフランスに行って3カ月ぐらい経ってからです。未知の世界に飛び込んで、周りが言っていることがわかるようになってきたのがそのころ。自分が思ったことを発信できるようになるまでは、さらに2カ月ぐらいかかりましたね。

梶谷 颯希（かじや さつき）
埼玉県立浦和第一女子高校２年生で双子の妹。昨年の８月初旬から今年の６月中旬まで、アメリカに留学。現地のハイスクールに通っていた。

海外に出て、自分の

ゆっくりと時間を過ごすなかで
改めて周りの人への感謝の気持ちを持つことができた

埼玉県の「埼玉発世界行き」奨学金を利用して、
約１年間海外に留学していた双子の姉妹・梶谷芽生さん、颯希さんに、
「海外留学のススメ」を伺いました。

日本に比べると ゆったりとした時間を過ごせる

――留学中に印象に残ったのはどんなことですか。

芽生さん――パリの風景や美術館、地方のお城や建造物がとても印象に残っています。フランスの学校は2カ月あったら2週間休みがあって、しかも夏休みも2カ月という感じで、休みがすごく多いんです！　だから、留学前に行きたいと思っていたところはほとんど行くことができました。

颯希さん――私は毎日ゆったりと友だちと過ごしました。友だちと映画を観たり、ショッピングモールやアミューズメントパークみたいなところ、地元のトウモロコシ畑が迷路みたいになっているところなど、地元の子がすることをいっしょになってしていましたね。

――海外留学に行って、自分自身に変化はありましたか。

颯希さん――自分の性格は、正しいと思ったらまっしぐら。つねにベストを求めるような感じです。でも、アメリカで思うようにならないこともあるなかで、ベストじゃなくてもベターを探せるようになって、考え方が柔軟になりました。

芽生さん――日本よりもゆっくりと時間を過ごせるので、生活しながらいろいろなことを考えたことで、改めてたくさんの人に自分は支えられているんだなと実感しました。それでもっと周りの人に素直に感謝したいなと自発的に思えるようになりました。

――では最後に、「海外留学のススメ」を中学生のみなさんにお願いします。

芽生さん――少しでも外国で暮らすことに興味があったり、いまの生活に物足りなさを感じていたりする人は、どこの国でもいいので行った方がいいと思います。そうして自分の可能性を広げてみてください。

颯希さん――グローバル化の時代ということで、「世界に通用する人間」になるために世界に出ていこう、ということが言われていますが、そう固く考えるのではなくて、世界中にはいろいろな人がいて、彼らがどんなことを考えているか、思っているかを知るために海外に行く、という風に考えてみてはどうでしょうか。

芽生さん――そうだね。そうしたいろいろな考え方に直接触れて、それをふまえて、自分がこれからどうしたいかを考える場にもなると思います。

梶谷 芽生（かじや めい）
埼玉県立浦和第一女子高校２年生で双子の姉。昨年の８月末から今年の６月末まで、フランスに留学。現地校の中学３年生クラスで学んだ。

The University of Tokyo

Vol.022

text by Tommy

東大への近道

インターネットの特徴を活かして勉強をしよう

大学を歩いていると、寒さを感じてついつい暖房のある建物のなかに駆け込む機会が増えてきました。この原稿も東京大学内の三友館という施設で書いています。

東大本郷キャンパス内にはほかにも総合図書館、情報基盤センターなどに学生が自由に使えるパソコンが数多く設置されています。見学に来た学生のかたからは、「歴史的な建物が多いので、これほどネット環境が整っているとは思わなかった」という意見をしばしば聞きます。

振り返ってみると、いわゆるコンピューターというものは私たちが生まれたころからすでに存在して、私たちの成長とともにノートパソコン、携帯電話、スマートフォンと多様化してきましたね。

1世代前のかたからすると幼いころからパソコンとなじみのある生活は考えられなかったかもしれません。

せっかく身近に恵まれた環境があるのですから、これを活かさない手はありません。今回は「今日から始める、インターネットを活かした勉強法」についてお話しします。

まず、インターネットの最も便利な点と言えば、手軽にたくさんの情報を手に入れられることですよね。しかし、これを活かしきれている学生は少ないのかもしれません。

例えば、テスト前になるとノートやプリントを見ながら必死にキーワードを覚えることはだれしもあるでしょう。しかし教科書やノートに書かれた説明はほんの一部にすぎません。歴史上の人物も、生物の進化も、インターネットで少し調べてみるだけで写真やイラストつきで詳しく書いてあることがあります。

これは暗記に関する大切な事実ですが、あるキーワードを覚えたいとき、それにまつわる周辺事項を多く知った方が定着率はあがります。関連する事柄を探すのにインターネットはもってこいなのです。

もちろん便利なインターネットにも注意点はあります。みなさんも技術や情報の授業で習ったかと思いますが、インターネット上の情報がすべて正しいとは限りません。できるだけ信頼できるサイトを見るのが賢い選択です（ただこれはネットに限った話ではなく、本に書いてあるから正しいとも言い切れません）。

もう1つ大切な利用法は、コミュニケーションツールとしてのネットです。インターネットやメール、SNSを使えば、遠く離れた人ともすぐにやりとりができます。それがいいことかどうかはわかりませんが、せっかく便利なツールがあるならば、積極的にほかの人たちとコミュニケーションを取っていきましょう。

「人間は、他の人とかかわることでしか成長することができない」というのは、私が大切にしている言葉の1つです。小中学生のころからネットに触れることには賛否両論あるそうですが、私は賛成です。ネットの特徴を知るには自分で使ってみる以外ないからです。

知識を増やすためには、自分が知らない取り組みにチャレンジするほかありません。

この記事を通じてみなさんに伝えたいことは、貪欲に（ガツガツと）新しいことにチャレンジしてほしいということなのです。

▶▶▶ 貪欲にチャレンジして世界を広げよう

新しいコースで、さらなる文武両道へ
春日部共栄は変わります!

心ふるわせる
感動の3年間を
ともに過ごそう

1年次

- 選抜コース
- 特進コースE系
- 特進コースS系

今年度より、1年全コースで月曜7限授業開講!

全コースで「1国立、1早稲田合格!」をかなえられるカリキュラムです!

保護者、生徒諸君が持つ「授業について行けるか?」の不安や「難関大学現役合格!」の夢に応えます。

2・3年次

- 選抜理系コース
- 選抜文系コース

→ 東大・国立大医学部現役突破

- 特進理系コース
- 特進文系コース

→ 旧帝大・早慶現役突破

学校説明会(予約不要)

実施日	実施時間
11月18日(日)	10時より
11月25日(日)	10時より

●是非、一度ご参加下さい。
●春日部駅西口ロータリー、セブンイレブン前よりスクールバスで送迎いたします。(開始1時間前より運行)
●駐車場に限りがございますので、お車でのご来校はなるべくご遠慮下さい。
●上履きを御持参下さい。

個別相談会(予約不要)

実施日	実施時間
11月18日(日)	10時～14時
11月25日(日)	10時～14時
12月22日(土)	10時～14時
12月23日(日)	10時～14時

●詳しくはHPをご覧下さい。

春日部共栄高等学校

〒344-0037 埼玉県春日部市上大増新田213番地(春日部駅よりスクールバス10分) TEL 048-737-7611(代) URL http://www.k-kyoei.ed.jp

自由・闊達を重んじ 何事にも全力で取り組む3年間

SCHOOL EXPRESS

筑波大学附属駒場高等学校

東京都　国立　男子校

宮崎 章（みやざき あきら） 副校長先生

全国でも屈指の大学合格実績を誇る筑波大学附属駒場高等学校。その本質は、自由・闊達な校風のもとで、学業・学校行事・部活動のすべてに全力で取り組む「全人教育」にあります。

School Data

所在地　東京都世田谷区池尻4-7-1	アクセス　京王井の頭線「駒場東大前」徒歩7分、東急田園都市線「池尻大橋」徒歩15分	ＴＥＬ　03-3411-8521
	生徒数　男子のみ489名	ＵＲＬ　http://www.komaba-s.tsukuba.ac.jp/official/

前身は農業教育の専門学校 〝自由〟が特徴の名門校

筑波大学附属駒場高等学校（以下、筑駒高）は、東京農業教育専門学校附属中学校として1947年（昭和22年）に開校されました。その後、東京教育大学の附属校となり、1978年（昭和53年）に東京教育大が筑波大学に移管されたことで、現在の校名である筑波大学附属駒場中学校・高等学校に変わりました。

学校目標には「自由・闊達の校風のもと、『挑戦し、創造し、貢献する』生き方をめざす」が掲げられています。

「本校では創立以来培ってきた『自由』が教育の基になっています。それを文言として表現したものが、この学校目標です。具体的には、学業・学校行事・部活動を3つの柱として、全面的な人格形成を図っていきます。例えば、音楽祭・体育祭・文化祭の3大学校行事の運営は、すべて生徒たちが中心になって行われます。このように学業だけに偏らない『3年間の自由空間』のなかでさまざまな行事を用意し、いろいろな機会を与えることで生徒を育てていきます。」（宮崎章副校長先生）

SSH

SSH発表風景

生徒による小学校でのサマースクール

筑波大訪問

SSHとして、授業以外にもさまざまな取り組みを行っています。

超のつく進学校でありながら先取りなどは行わない

筑駒高は毎年、日本で1、2を争う東大合格者を輩出する学校として有名ですが、授業の時間数などが他校に比べて多いといったことはありません。3学期制で授業時間は1時限50分。平日6時限と隔週で土曜日4時限が行われるという形で、いたってノーマルな授業時数といえるでしょう。

また、夏休みなどの長期休暇にも、講習や補習などはいっさいありません。「部活動、行事の準備、旅行に出かけたりと、自発的になにかをする時間を取るためにあるのが長期休暇です」と宮崎副校長先生が話されるように、貴重な時間を自分の考え次第で使うことで、バランスのとれた人間へと成長するきっかけをつかみます。

クラス編成は、中学から進級してくる生徒（連絡生）と高校から入学してくる生徒が、1年次からいっしょになります。1学年4クラスで、1クラス40名（連絡生30名＋高入生10名）です。

「本校は、各教科でより内容を深めた授業は行っていますが、いわゆる先取りはしません。ですから、高校1年次に連絡生と高入生でクラスを別にしたりはせず、均等に分けています。このとき、学力面だけではなく、行事もうまくいくように配慮しています。音楽祭のために各クラスにピアノが弾ける人がいるように、また体育祭を考えて、運動面でも偏らないように、といったクラス編成です。クラス替えは各学年度で行い、毎回、クラスが平等になるように組み替えていきます。」（宮崎副校長先生）

「理系に進むからといって文系科目を学ばない、文系に行くから理系科目を知らなくていい、ということはない」（宮崎副校長先生）という考えのもと「教養主義」を重視する筑駒高では、カリキュラムは、1・2年次はほぼすべての科目を必修で学びます。3年次では、生徒各自の進路によって自由選択科目では文系か理系に分かれますが、3年次も文系・理系でクラスを分けるのではなく、両方が同じクラスに混在します。

全人教育の一環として行われる多くのプログラム

全人教育をめざしている筑駒高。隔週土曜日の午前中には、総合学習や学校行事の準備などが行われています。総合学習の内容は、1年生が「水田学習」と「地域研究」、2年生が「地域研究」、「ゼミナール」、3年生が「テーマ研究」です。

2年次に行われるゼミナールは少人数選択制で、2011年度には教養としての現代戯曲（国語）、沖縄から考える日本と社会（世界史）、光で探る科学（化学）などがありました。

「1年次の水田耕作は、本校が農業を専門とする学校から始まっている名残です。ゼミナールは、例えば英語科のScience Dialogueでは、外国人の若手研究者が専門の話を英語で2時間講義するというものです。これが年間で5～6回あります。

地域研究は、高2で関西に修学旅行に行きますので、その前に自分たちでグループを作ってテーマを決め、さまざまな事前研究を行います。

3年次のテーマ研究では、高2のゼミを発展させて自分なりの研究テーマをまとめます。」（宮崎副校長先生）

筑波大との連携も非常に充実しており、校内で筑波大の教授による講演会や実験講座が開催されたり、2年次には学年全員を対象として、筑波大の研究室訪問を行っています。筑駒高生のためだけに30～40の講座が用意され、希望する研究室で最先端の学問に触れながら、第一線の研究者から直接指導が受けられます。

講座を希望する生徒が1名や2名でも、それぞれの講座は開講され、筑波大の研究室に1日入ることができます。こうした貴重な経験ができるのも、附属校ならではの大きな特色です。

非常に活発なSSHの取り組み

2002年度（平成14年度）から続くSSH（スーパーサイエンスハイスクール）としての取り組みも盛んです。

カリキュラムの研究や教材の開発をテーマとした2002年度（平成14年度）からの5年間、国際性やサイエンスコミュニケーション能力の育成が重視された2007年度（平成19年度）からの5年間を経て、2012年度（平成24年度）からは、10年間続けられたSSH研究開発がⅢ期目を迎え、「豊かな教養と探究心あふれるグローバル・サイエンテ

体育祭

2日間にわたって行われます。「オリンピック形式」と筑駒高では呼ばれ、サッカーやバレーボールなどの団体種目と、相撲、剣道などの個人種目、それにリレーなどが組み合わされています。

文化祭

筑駒高の文化祭は3日間あるのが特徴。高3が中心となり、約1年間をかけて準備をします。

音楽祭

文化祭、体育祭と同様に全学年が参加し、高3生はここで優勝することを学校生活の1つの目標にしています。

イスト（global scientist）を育成する中高大院連携プログラムの研究開発」がスタートしています。

筑駒高では、全生徒がSSHとかかわれるように、理数系の通常授業のなかにその成果を取り入れています。また、SSHの活動を通した国際交流が盛んに行われており、今年度は、国立台中一中との研究交流（台湾）、東芝が主催する「東芝地球未来会議」（タイ）、都立小石川中等教育学校や立命館高校（京都）のSSHによる海外派遣への協力などで、合わせて40名ほどが海外へと出かけます。また、数学オリンピックや生物オリンピックなどに参加する生徒は毎年多くおり、なかには日本代表として世界へ出かけメダルを獲得する生徒もいるのです。

生徒が海外に出ていき、貴重な経験を積む。その場をSSHを通してつくっているのです。

総合的な学習

「地域研究（関西）」「ゼミナール」「テーマ研究」など、筑駒高の総合的な学習の時間は、自分たちで考え、発表する形のものが用意されています。

テーマ研究発表会

関西修学旅行

1年次の菅平校外学習

水田耕作

将来なにがしたいのかが重視される筑駒高の校風

生徒の自主性を重んじ、3つの柱を通じた人間性の育成をなによりも重視しているため、進路指導も大学のその先を見据えたものになっています。社会人になった卒業生から職業の選択や大学の研究について話を聞いたりすることが主体です。自分で将来の目標を見つけ、そのために大学や学部を選ぶべきという方針が学校全体に浸透しています。

筑波大学附属駒場高等学校のこうした教育は、他の進学校とは一線を画しています。

宮崎副校長先生は、「本校は単に出口としての大学入試をめざすのではなく、進路指導も10年後、20年後を考えさせるようにしている学校です。行事のなかでいろいろなことを生徒は学び育っていくので、行事を勉強の合間の息抜きとは考えていません。勉強・行事・部活とすべてのことに全力で挑戦する生徒が集まっている学校であることを理解したうえで、そんな青春の3年間を過ごしたいという生徒さんには、ぜひ来ていただきたいですね」と話を結ばれました。

2012年度(平成24年度)大学合格実績（　）内は既卒

大学名	合格者	大学名	合格者
国公立大学		私立大学	
東北大	1(1)	早大	73(29)
千葉大	5(4)	慶應大	50(20)
東大	83(16)	上智大	1(0)
東京医科歯科大	7(2)	東京理科大	10(7)
東京学芸大	1(1)	中大	3(2)
東京工大	3(2)	法政大	1(1)
横浜国立大	1(1)	明大	2(2)
横浜市立大	3(0)	立教大	2(1)
山梨大	1(1)	国際基督教大	2(0)
京大	1(0)	東京慈恵会医科大	9(7)
信州大	1(0)	順天堂大	7(5)
阪大	1(1)	日本医科大	6(1)
国公立大合計	108(29)	東邦大	3(2)
		東京医科大	2(0)
		その他私立大	14(7)
		私立大合計	185(84)

School Navi 147

共栄学園高等学校（きょうえいがくえん）

東京都
葛飾区
共学校

School Data

所在地　東京都葛飾区お花茶屋2-6-1
生徒数　男子417名、女子463名
TEL　03-3601-7136
アクセス　京成本線「お花茶屋」徒歩3分、JR常磐線・地下鉄千代田線「亀有」バス10分
URL　http://www.kyoei-g.ed.jp/

文武が互いに高め合う教育

共栄学園高等学校（以下、共栄学園高）では、知・徳・体を基本理念とし、そのすべてが調和した人間育成をめざしています。なにかに偏ることのない、全人的で豊かな人間性を養っていくことを目標としています。

また共栄学園高では、学校生活において、文と武は互いに高め合う関係であるという考えを「文武不岐」と呼んでいます。生徒は学業と課外活動の両立を実践し、協調性・社会性に富んだ創造性豊かな人間をめざして成長していきます。そしてそのなかで仲間とのきずなを育て有意義な時間を過ごします。

安定して伸び続ける進学実績

共栄学園高には特進コースと普通コースが用意されています。

特進コースは難関国公立大学・難関私立大学合格を目標としており、入学時から選抜クラスと特進クラスに分かれます。ともに入学前講習、長期休暇中の特別授業、週4日の7時限授業や夏休み中の勉強合宿によって、学力を伸ばすと同時に中高一貫生の先取り学習に追いつきます。

特進クラスは高2から、さらに文系・理系に分かれて徹底したカリキュラムで学びます。高3では授業単位数を最小限に設定し、そのほかの時間を、大学入試センター試験対策を基礎とする受験に備えた学習にあてることができます。

普通コースは、基礎学習の徹底によって生徒の学力伸長を図り、有名私立大学合格をめざすコースです。

高2からは文理コースと名称を変えて、文系・理系に分かれます。個人の目標や部活動のスケジュールに合わせて、それぞれの能力を確実に伸ばしていくことが可能です。

2つのコースはともに、大手予備校の衛星授業を受講できる「サテネット講座」や、長期休暇中に行われる「特訓講習」を自由に選択できます。

サテネット講座は校内で自由な時間に受講でき、予備校に通う手間と時間も省けるので、部活動と勉強の両立もよりしやすくなります。

共栄学園高はこのような教育プログラムで、近年安定して進学実績を伸ばしています。今年（2012年度）は、首都圏の国公立大学・早慶上理・G－MARCHに合わせて過去最高の78名の合格者を輩出しました。

文武不岐が創り出す個性豊かな高校生活が、次のステップへと進む生徒の確かな原動力となっている共栄学園高等学校です。

School Navi 148

城西大学付属川越高等学校

（じょうさいだいがくふぞくかわごえ）

埼玉県
川越市
男子校

School Data

所在地	埼玉県川越市山田東町1042
生徒数	男子のみ861名
TEL	049-224-5665
アクセス	JR川越線・東武東上線「川越」、西武新宿線「本川越」スクールバス20分 JR湘南新宿ライン（高崎線）「桶川」スクールバス30分
URL	http://www.k-josai.ed.jp/

伝統を尊重した新しいスタート

大学合格に向けた手厚いサポート

「心豊かな人間の育成」「個性・学力の伸長」を教育方針として、これまで多くの有為な人材を輩出してきた城西大学付属川越高等学校。

創立40周年を節目として、制服の一新、新校舎の設立、「特選クラス」の設置と、これまで築いてきた伝統を礎に、時代の要請にそった学校へと進化し続けています。それでも、創立以来の「報恩感謝」の校是のもと、生徒に寄り添った指導方法はいまも変わらず、面倒見のよい、アットホームな学校文化は健在です。

城西大学付属川越では、入学試験後のクラス編成試験により、難関国立大や医学部をめざす「特選クラス」、難関国立大学をめざす「特進コース」、難関私立大学をめざす「進学コース」に分かれます。

2012年度から新設された「特選クラス」は、特進コースの上位合格者で編成され、週3日7時間授業が行われます。特別カリキュラムが組まれているので、すべての定期試験は特選クラス独自のものとなっています。

基本的に、内進生とは高2まで別クラスで、高2から国公立・私立、文・理に分かれます。そして高3でそれぞれの進路に必要な理社の選択科目により13のコースに分かれます。

土曜日も授業が行われるので、十分な授業時数を確保できています。また、毎日放課後には希望制の講習が各学年で開講され、20講座にもおよびます。

グローバル人材を育成する国際理解教育

国際化が進む現在において重要度が増している英語の能力を養うため、城西大学付属川越では「英語リスニング」を取り入れています。これは授業とは別に月曜から土曜までの毎朝20分間、全校生徒を対象にリスニングを行うものです。生きた英語のシャワーを毎朝浴びることで、英語に慣れ、英語を話す筋肉を鍛えていきます。

また、年に2回、コミュニケーション能力テストを取り入れ、リーディング、ライティング、リスニングの3技能の能力を測ります。そのほかにも英検やスピーチコンテストが行われ、英語を身近に、そして自在に使うことができる工夫がなされています。高1の希望者は8月に2週間カナダにてホームステイをすることも可能です。

埼玉県の数少ない男子校のひとつとして、さまざまな新しい試みにチャレンジし、存在感を増している城西大学付属川越高等学校です。

開智高等学校

東大・国立大医学部に特化したS類『Tコース』

大幅にバージョンアップされるS類『Tコース』の指導体制

今年度に新類型の『D類』を創設し、既存の『S類』とともに2類型体制を確立させ、新たなスタートを切った開智高等学校（高等部）。２００６年に誕生したS類の大学入試における躍進は目覚しく、今春の大学入試においても、難関大学（国公立・早慶上理）の現役合格率を昨年の１１５％から１４１％に大幅にアップさせています。ただ、一つ残念だったのは、昨年3名も輩出した〝最高峰〟東京大学の合格者が、今年ゼロになってしまったことです。

「全体としての進学実績は上昇したといえるのですが、やはり東大合格者を出せなかったことはショックです。そこでグット気を引き締めて、来年度より東大入試に特化した学習・受験指導を行う『Tコース』を大幅にバージョンアップすることにしました」

同コースが編成されるのは2年次からで、1クラス十数名（理系・文系）の少人数制。そのメンバーは「東大に進みたい」という生徒の意思を尊重した上で、1年次の学習到達度を勘案して決定されます。3年進級時には小規模ですがメンバーの入れ替えもあります。

高校レベルを超えた『Tコース』2つの教育

実はこのTコース、従来よりS類内にあったもので、現在の3年生が第1期生になります。

東大理科志望者と国立大医学部志望者で編成されているTSクラス。このクラスの最大の特徴は、クラス担任をはじめとし、理数系の教授スタッフが東大出身者で構成されていることです。いずれの先生も研究者として一流であるだけでなく、高校生の指導経験が非常に豊富であるという点が「開智高校らしさ」と言えます。

開智高校では「大学に入れて終わり」というような教育は行っていません。これはTコースでももちろん同じです。将来、科学の専門家として社会貢献していこうとする彼らは、学問を通して教養と人間性を高めていかなければなりません。それを高校段階で実現しているクラス、それがこのTSクラスなのです。

入試説明会・個別相談日程

入試説明会　予約不要　所要時間約80分				個別相談　予約制
11月17日	土		13時30分～	10：00～16：30
11月23日	金・祝	10時00分～	13時30分～	10：00～16：30
11月24日	土		13時30分～	10：00～16：30
12月15日	土	10時00分～	13時30分～	10：00～16：30
12月23日	日	10時00分～		10：00～16：30

・入試説明会はすべて予約不要です。上履き・筆記用具を持参してください。
・個別相談会はすべて予約制です。詳細は開智高等学校ＨＰをご参照ください。

平成24年　大学合格数

国公立大学（　）は現役		
大学名	合格者（499名卒業）	高等部（275名卒業）
東京大学	9(9)	
京都大学	3(3)	
北海道大学	3(3)	2(2)
東北大学	6(6)	4(4)
筑波大学	10(10)	3(3)
千葉大学	13(10)	5(4)
お茶の水女子大学	3(3)	3(3)
電気通信大学	7(6)	2(2)
東京外国語大学	4(3)	3(2)
横浜国立大学	10(10)	2(2)
埼玉大学	27(26)	23(23)
福島県立医科大学（医学部）	2(1)	1(1)
その他国公立大学	52(45)	28(25)
国公立大学合計	149(135)	76(71)

私立大学（　）は現役		
大学名	合格者（499名卒業）	高等部（275名卒業）
早稲田大学	148(129)	42(35)
慶応義塾大学	65(60)	17(15)
上智大学	61(56)	22(17)
東京理科大学	153(128)	54(45)
明治大学	153(136)	46(38)
立教大学	92(87)	45(42)
法政大学	73(65)	51(43)
中央大学	57(53)	30(28)
青山学院大学	37(35)	14(13)
学習院大学	23(18)	14(10)
計	862(766)	335(286)

国公立大・医学部医学科	11(8)	1(1)
私立大・医学部医学科	31(25)	2(2)

次に東大文科希望者で編成されているTHクラス。一口に文科系と言っても、その領域には、法律学、経済学、文学、心理学などさまざまな学問が存在し、多様な学問志向を持った生徒が集うのがTHクラスです。この多彩な集団の共通項が、「東大で学ぼう」という志です。

法学の道に進もうとする生徒A君の目標は「弁護士になる」ことではなく、「いい弁護士になる」ことです。弁護士になるための資格を取るということは、自分個人の「閉じた目的」です。しかし、弁護士としての「良さ」は、他人との関係性の中で初めて決まります。つまり「開かれた目的」なのです。

社会の中で自らを生かしていこうとする気持ちや、他人と理解し合うための高いコミュニケーション能力は、S類で学ぶことを通して生徒一人ひとりが自ら獲得してきた力だと言えます。開智高校で身につけた「素養」に、高い「専門性」が加わった時、彼らは「リーダー」としてそれぞれの分野を担っていくことになるのです。

圧倒的な〝学ぶ時間〟と各種の受験対応講座

授業の内容も指導陣も東大入試に特化したTコースですが、授業時間数は従来のS類と違いはありません。なぜなら、もともと本校の〝学ぶ時間〟は圧倒的に多かったからです。

正規授業は月～金曜日が6時間、土曜日が4時間ですが、1・2年次の月・木曜日は放課後に3時間の「特別講座」が上乗せされ〝9時間授業〟になるのです。

そして受験間近となった3年生になると、月曜から土曜まで毎日開講されることになります。その内容は、東大英語、センター数学、国立文系古典、早慶英語演習など、志望別・レベル別に分けられた実践講座が60講座以上用意されています。また、夏期講習も30日間（1・2年生は10日間）、という長期にわたり、朝8時半から午後6時近くまで、同じく受験対応の実践講座がびっしりと用意されています。

さらに受験直前になると、「センター直前講習」「冬期講習」「私大対策直前講習」「国立2次対策直前講習」と4種の講習が立て続けに開講されます。まさに〝受験準備の1年〟になるわけです。

共学校

東京都立 青山高等学校

知・徳・体のバランスのとれた教育により難関国公立大学をめざす

東京都立青山高等学校は、「高きを望み安易な妥協はしない」という意味の「高きを望め　青山で」を合言葉とし、レベルの高い授業と充実した補習・講習を実施しています。外苑祭などの行事や青山フィルハーモニー、ラグビー部などの部活動と、学校生活も活気にあふれています。

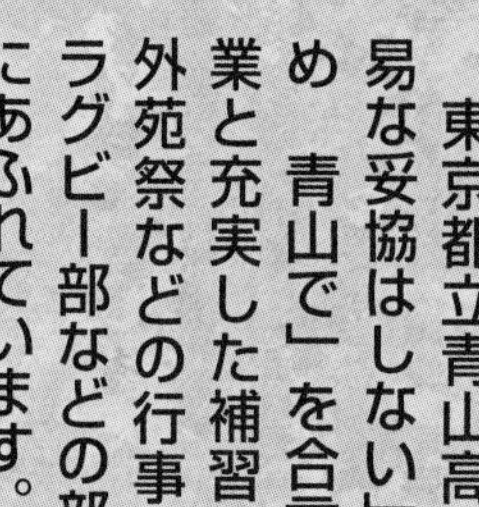

小山　利一　校長先生

伝統を誇る合言葉「高きを望め　青山で」

東京都立青山高等学校（以下、青山高）は、１９４０年（昭和15年）に東京府立第十五中学校として、東京市赤坂区青山北5丁目旧青山師範学校跡に開校されました。その後東京都立多摩中学校と統合し、東京都立青山中学校となりました。このとき、東京都赤坂区青山北4丁目旧東部第七部隊跡に移転しました。

１９４８年（昭和23年）の学制改革により東京都立青山高等学校と改称され、１９５８年（昭和33年）に現在地の渋谷区神宮前に移転しました。２００３年（平成15年）には進学指導重点校に指定され、２０１０年（平成22年）に創立70周年を迎えています。

教育目標である「健康な身体をつくり、知性をたかめ、情操を豊かにし、個性をのばし、社会性をつちかう」ことをめざし、知・徳・体のバランスのとれた全人

外苑祭（文化祭）

外苑祭では、クラスごとに演劇を上演します。脚本選択・演出・舞台美術・出演などすべてが生徒の手で作られた舞台は毎年多くの感動を呼びます（著作権の許諾を得ています）。

美女と野獣

阿国

ユタと不思議な仲間たち

人間になりたがった猫

教育が進められています。キャッチフレーズの「高きを望め　青山で」は、伝統ある合言葉になっています。

　小山利一校長先生は生徒たちによく話していることがあると言います。「まず、『あいさつはしっかりしよう』と話しています。人間が社会で生きて行くうえでの基本はあいさつだからです。次に、『校舎をきれいにしよう』です。周囲が清潔であれば、心も磨かれます。さらに、『校歌を大事にしよう』と言っています。青山高の校歌は作詞・作曲がそれぞれ本校の卒業生によるものです。先輩がたの思いを、校歌を通じて後輩につなげていってほしいからです。」

文系の青山から理系にも強い青山へ

　青山高は3学期制で50分授業を行い、月〜金曜日まで毎日6時限です。ただし、金曜日だけは、高2のみ7・8時限目に外国語の自由選択科目（ドイツ語・フランス語）の授業が設けられています。また、土曜日は年間20回の土曜授業が行われ、70分授業が3時限あります。

　1学年7クラス、1クラスの定員は40名です。男女比は男子が少し多くなっています。

　カリキュラムは、1・2年生は共通必履修です。3年生になると、自分の進路に合わせてA型（理系進学希望者）とB型（文系進学希望者）に分かれます。A型・B型ともに必修選択科目と自由選択科目が設けられています。

　国語・数学・英語の授業には多くの時間数が確保されています。国語は1・2年生で各週5時間、数学・英語は、1年生で週6時間ずつ、2年生で週5時間ずつです。

　さらに3年生では、国語は文系で最大週10時間、数学は理系で最大週9時間、英語は文系で最大週10時間、理系で最大週8時間を選択することができます。

「本校はこれまで、『文系の青山』と言われてきました。昨年度まではおおむね理系が１００名、文系が１８０名の割合でした。しかし、現3年生は理系が１２０名、文系が１６０名と、理系志望の生徒も増えています。これからは、理系にも強い青山をめざし、理系と文系の人数が半々ぐらいになるようにしていきたいと思っています。」（小山校長先生）

先生がたによって作られる独自プリントや学力テスト

　青山高では、習熟度別授業も実施されています。1年生の数学と2年生の数学・古典・英語ライティングの授業で、2クラスを3展開（1クラスでは2展開）しています。

　英語の授業では、オーラルコミュニケーションIがＡＬＴ（外国人指導助手）

修学旅行

２年生の３月に、京都・奈良へ行きます。班別のグループ行動をとおして、友人とのきずなを深めます。

で行われています。また、各教科において、教員が作る独自のプリントが配られ、教科書以外の教材として活用されています。「化学では毎週必ず実験をしますが、１年間のプリントをまとめると『化学実験集』という厚い冊子になるほどの充実した内容となっています。また、教科ごとにある職員室の前には机を置いて、そこで生徒たちの質問に応えられるようにしています。」（小山校長先生）

　定期考査以外に実施されるテストも特色のひとつです。１・２年生では夏季課題テストを実施。国・数・英（1年生のみ地理も）のなかから課題が出され、定着度を測ります。また、教員作成による校内学力テストもあり、１・２年生は1月、3年生は6月と10月に実施されます。「本校ではテストの結果をそのままにしません。定期考査や外部模擬試験も含めて、どこの部分を間違えたのか、どの部分に陥りやすいミスがあるのかをチェックさせています。」（小山校長先生）

充実した補習・講習体制で生徒の学習をサポートする

　青山高ではさまざまな補習・講習が設けられていることも特徴です。土曜授業のない週の土曜日には、年7回の土曜講習が行われています。また、平日には、各学年に向けた補習・講習が放課後に実施されています。これらは毎年約１６０講座が開講され、受講生徒はのべ５０００名にのぼります。夏休みには夏期講習が行われます。２０１２年度は、各学年に向けた講座が60講座用意されました。

「本校では、進路部が中心となって、組織的に補習体制を構築しています。平日の補習・講習は、先生がたが自主的に企画して行われてきた経緯があり、それを進路部が統括して現在の形となりました。全ての補習・講習は、あらかじめ生徒に一覧表として掲示します。生徒はそれを見て希望する補習・講習を選び、申し込みます。本校では、夏休み明けに外苑祭（文化祭）があり、全クラスがミュージカルや演劇を上演し、夏休みはその準備で忙しくなりますので、夏期講習は7月中に集中させています。しかし、来年度からは8月に実施する講座を増やして学習面をより充実させたいと考えています。」（小山校長先生）

　青山高には自習室もあります。月～金曜日の朝7時半から19時まで開放されています（授業や講習のある土曜日は17時まで）。また、自習室の隣には第1学習室・第2学習室があり、放課後は開放するなど、生徒たちが自学自習する環境が整えられています。

困難を乗り越える強い意志を持った生徒に入学してほしい

進路指導は1年次から計画的に進めら

部活動

剣道部

男子バレー部

テニス部

青山フィルハーモニー

体育祭

6月に行われる体育祭は、1～3年生を縦割りにした赤・青・白・緑の4つの団で競いあいます。

ラグビー部

女子バレー部

れています。各学年はそれぞれ、1年生は自己理解、2年生は自己表現、3年生は自己実現をキャリア教育のテーマとし、学年に対応した進路指導が行われています。また、進路指導の資料として、各学年用に青山高独自の『進路のしおり』が作られ配布されています。

「本校は、難関国公立大学を目標とする進学校であり、『最後まで諦めずに第1志望をめざせ』がモットーです。しかし、私は生徒たちに三兎を追ってほしいと言っています。三兎とは、学習・学校行事・部活動のことです。それぞれを精一杯頑張ってもらいたいのです。そのために、年間スケジュールにもメリハリをつけるようにしました。例えば、以前まで修学旅行を2年生の11月に実施していましたが、この時期は3年生の文理選択や選択科目を決めるという生徒や担任にとって重要な時期であるため、旅行を3学期が終わった3月に変更しました。進路選択に影響の出ない形にしたのです。三兎を追いながら、さらなる進学実績の向上をめざします。」(小山校長先生)

青山高といえば、キャンパスの立地も魅力です。神宮外苑の豊富な緑と落ち着いた環境のなかにあり、生徒たちは、明るく伸びのびと活動しています。

最後に、入試問題の特徴と受験生へのメッセージを伺いました。

「自校作成問題では国語の出題内容に変化がありました。記述に重きを置く出題となりましたので、中学生のうちから書くことに慣れておいてください。本校には、『どうしても青山に行きたい』という生徒さんに来てほしいです。また、チャレンジ精神の旺盛なかた、タフで負けず嫌いで打たれ強いかたや、困難にぶつかっても乗り越えるぞという強い意志のあるかたを待っています。」(小山校長先生)

2012年度(平成24年度)大学合格実績( )内は既卒

大学名	合格者	大学名	合格者
国公立大学		私立大	
北海道大	5(0)	早大	84(22)
筑波大	4(0)	慶應大	30(13)
埼玉大	2(1)	上智大	34(4)
千葉大	12(2)	明治大	95(24)
お茶の水女子大	2(1)	法政大	40(19)
東大	2(0)	立教大	82(17)
東京外大	5(0)	中央大	35(15)
東京学芸大	6(3)	津田塾大	7(0)
東京工大	4(1)	学習院大	14(4)
東京農工大	6(0)	青山学院大	34(11)
首都大学東京	8(2)	東京女子大	9(1)
一橋大	2(0)	日本女子大	19(4)
京大	2(1)	国際基督教大(ICU)	2(0)
その他国公立大	18(6)	その他私立大	283(87)
計	78(17)	計	768(221)

School Data

東京都立青山高等学校

所在地
東京都渋谷区神宮前2-1-8

アクセス
地下鉄銀座線「外苑前」徒歩5分

TEL
03-3404-7801

生徒数
男子439名、女子411名

URL
http://www.aoyama-h.metro.tokyo.jp/

和田式教育的指導

入試までの2～3カ月の勉強法

志望校をしっかりとターゲットにする時期になりました。過去問から自分の現在の位置を知り、受験までに必要な学力をつけるための戦略を立てましょう。

過去問を解いて合格最低点を知る

受験勉強は、自分が志望する学校の入試に合わせて勉強することだと、つねづねお話ししてきました。

入試まであと2～3カ月というこの時期は、まさに志望する学校に照準を合わせていく時期です。

これまでも過去問に早めに取り組みましょうということは言ってきました。それは、過去問を解くことによって、志望する学校の入試問題の難易度や出題傾向をつかむことができ、入試問題に対する自分の到達度を測るという意味があるからです。

この時期の勉強法として、再度過去問を解いてみることで、自分はなにができて、なにができていないか、どういうところでミスをしているかなど、客観的に見てみることが必要です。そして現在の到達度に対して、具体的に何点足りなくて、それを埋めるためにはどのように勉強をしていく必要があるのかを考えていきます。

もし、すでに合格点をクリアできているのであれば、あとは憶えた単語や知識などが抜け落ちていかないように、メンテナンスをしていけばいいということになります。

合格最低点まで30点足りないということがはっきりしても、悲観する必要はまったくありません。そのギャップを埋めるためにはなにをしたらいいかを考えていきます。とにかくこれからなにを、どう勉強していくかをチェックすることから始めてください。

これは志望校のレベルにかかわらず、すべての学校において同じように言えることです。

逆に「もうダメだ」とか「落ちるかもしれない」と思うとやる気が失せてしまいます。ですので、「合格できる」「あと少しで合格しそうだ」と思うようにしましょう。そうすれば、やる気が出てきます。やる気を損なわないようにすることを心がけましょう。

あと何点必要かを知り戦略を立てる

基本的な考え方として、志望校の合格点をクリアしていれば受験は成功です。

だから、合格するにはあと何点取ればいいかという目安を立てることです。もちろんビリで受かる

よりは、少しでもいい点で受かるに越したことはありません。

しかし、合格最低点を大幅に上回る必要はありません。ましてや満点をめざす必要もないのです。

ここで理想ばかりを追ってもしかたがありません。現実を見ることが大事です。合格最低点に30点足りないのであれば、40〜50点、20点足りなのであれば30〜40点ぐらい必要だということになるでしょう。

必要な点数がわかれば、今度はそれをどのように取っていくかという戦略を立てます。どの教科で何点取ればいいかということを明確にすることが大切です。

点の取れそうな教科で点数を伸ばす

例えば、合格最低点まで30点足りないならば、社会の暗記もので20点、国語で10点、合わせて30点あげればいいという風に、算段を立てます。

このときに苦手教科と課題教科は分けて考えることが必要です。

いままで一生懸命に勉強してきたのに、英語が60〜70点しか取れるようになっていないということもあります。受験生のなかには、こうした苦手教科を克服しなければ絶対に受からないと思ってしまう人が意外と多くいます。

しかし、そうではありません。あと30点取れば合格最低点に達していた場合、英語を70点から１００点にあげる努力をするよりも、いま50点しか取れていない社会を80点にあげていくことの方が簡単そうだとわかります。

国語、数学、英語に時間を取られ、社会や理科はあまり手をつけていないというケースもよくあります。基礎的なことを覚えていないために点数が低いということもあるでしょう。社会や理科のような暗記をすれば点数が取りやすい教科も含めた総合点で、合格最低点をクリアするという姿勢が大事になります。

これから入試まで2〜3カ月しかないのですから、短時間で得点が伸びそうな教科からやるべきです。

また、数学で計算ミスが多い人や、英単語、漢字が苦手という人はいないでしょうか。基礎的なことが不足している人は、そこをきっちり押さえることで点数を伸ばすようにします。できることから始めてみましょう。

Hideki Wada

和田秀樹

1960年大阪府生まれ。東京大学医学部卒、東京大学医学部附属病院精神神経科助手、アメリカのカールメニンガー精神医学校国際フェローを経て、現在は川崎幸病院精神科顧問、国際医療福祉大学大学院教授、緑鐵受験指導ゼミナール代表を務める。心理学を児童教育、受験教育に活用し、独自の理論と実践で知られる。著書には『和田式　勉強のやる気をつくる本』（学研教育出版）『中学生の正しい勉強法』（瀬谷出版）『難関校に合格する人の共通点』（共著、東京書籍）など多数。初監督作品の映画「受験のシンデレラ」がモナコ国際映画祭グランプリ受賞。

教育評論家 正尾佐の
高校受験指南書

七拾二の巻

今年出た難しい問題2【国語】

8月号の〈今年出たおもしろい問題〉で、開成と慶應義塾の古文の問題を取りあげた。そのなかで「古文は難しい」と書いたのだが、案の定「おもしろい問題でした」という感想が少なくなかった。だから、〈今年出た難しい問題〉シリーズも古文問題にしよう。前回、慶應義塾を取りあげたので、今号は早稲田実業を取りあげることにする。

次の文章を読んで、後の問いに答えなさい。なお、（　）の中は、直前の言葉の説明である。

盛孝年四十三と言ふ年、沐浴して上がる間、[1]たちまち絶え入りぬ。即ち盛孝大なる穴に入りて、頭を逆さまに墜ち下る。しかる間、目に猛火の炎を見、耳に叫び泣く声を聞く。四方に震動して雷の響きの如し。その時に、盛孝心惑ひ肝砕けて、声を挙げて泣き悲しぶといへども、[2]さらにその益なし。しかる間、官舎のある庭に到り着きぬ。

[3]あまたの官人等、東西に次第に着き並みたり。[4]わが朝の庁（役所）に似たり。ここに、盛孝四方を見廻すに、知りたる人一人なし。しかるに、一人の小僧あり。その形端厳なること並びなし。[5]やうやく歩み出で来たる。その庭にあるもろもろの人、「地蔵菩薩来たり給ひたり」と言ふ。盛孝これを聞きて、大きに喜びて、小僧の御前に至りて、掌を合はせて地に跪きて、泣く泣く申していはく、「願はくは、地蔵菩薩我助け給ひて、早く元の閻浮（自分が生きていた世界）に返し給へ」と。小僧の宣はく、[6]「来たり易くて返り難きは、これ閻魔の庁なり。この故に、なんぢ罪ありてこの所に召されたり。われいかでか心に任せてなんぢをゆるさむ。ただし、冥官（閻魔大王）に触るばかりなり」と宣ひて、小僧、盛孝を相具して、庁の庭に行き向かひて訴へて宣はく、「この男は、既にわが年来の檀越（自分を信仰している人物）なり。しかるに、今この所に召されたり。しかるに、この男棄てがたき故に、ゆるし遣はさむと思ふ」と。冥官申していはく、「衆生の善悪の業、もとより転ずべからぬ法なり（決まりである）。定めてこれを受く。しかるに、この男既にこの度は決定の業なり」と。その時に小僧泣きていはく、[7]「この男の法、つひに転ずべからずは、われこの男に代らむ。たとひ一劫（非常に長い時間）なりといふとも、われその苦しびを受けむ」と。

A これを聞きて、驚きて、即ち B を C にゆるし奉りつ。小僧大きに喜びて盛孝に教へて宣はく「なんぢ速やかに元の国に返りて忽緒をいたす事なかれ（悪いことをしてはいけません）。またこの所に来べからず」と。「かくの如きを見る」と思ふほどに活れり。みづから起きゐて、親しき族に向けて、泣く泣くこのことを語る。

（『今昔物語集』より）

どうだい？ 難しい文章だろう。さあ、読解のスタートだ。問題文の初めから読み解いていこう。

・盛孝年四十三と言ふ年、沐浴して上がる間、[1]たちまち絶え入りぬ。
＝（賀茂）盛孝（は）四十三（歳になった）という年（に）、湯浴み（を）してあがったとき、そくざに…

出だしに早くも傍線部がある。

> **問1**　――線1「たちまち絶え入りぬ」とあるが、この部分を現代語訳した次の文の空欄に入るのに最もふさわしい漢字一字の言葉を答えなさい。
> （現代語訳）即座に絶［　］してしまった。

「絶え入（る）」は『息が絶え、闇へ入る』ということだ。だから、

・気を失う・気絶する・死ぬ・絶命するという意味で用いる。

正解　命

・即ち、盛孝、大なる穴に入りて、頭を逆さまに堕ち下る。

＝すぐに、盛孝（は）、大きな穴に入って、頭を下に落下する。

・しかる間、目に猛火の炎を見、耳に叫び泣く声を聞く。

＝そうする間（＝落下中）、目に猛火の炎が見え、耳に泣き叫ぶ声が聞こえる。

・四方に震動して雷の響きの如し。

＝（その声は）四方に振動して雷鳴のようだ。

・その時に、盛孝心惑ひ肝砕けて、声を挙げて泣き悲しぶといへども、[2]さらにその益なし。

＝そのとき、盛孝（は）気持ち（が）混乱して、声をあげて泣き悲しむけれども…　再び傍線部だ。

> **問2**　――線2「さらにその益なし」とあるが、この言葉の意味として最もふさわしいものを次のア～カから選び、記号で答えなさい。
> ア　全く泣くことが出来なかった。
> イ　全く利益が上がらなかった。
> ウ　全く効果がなかった。
> エ　ますます泣き叫ぶばかりだった。
> オ　ますます下に墜ちていった。
> カ　ますます立場が悪くなった。

この傍線部のポイントは副詞の「さらに」だ。副詞には陳述（呼応ともいう）という機能を持つものがある。

現代語で例をあげると、「決して」がそうだ。この語は、

決して怠けることはない。

決して笑わずにいる。

のように、「ない」や「ず」のような打ち消し語が下に必要だ。

「決して」と陳べると、必ず「打ち消し」で述べるので、これを陳述という。また、「決して」と呼べば、「打ち消し」で応えるので、これを呼応ともいう。つまり、

> さらに～打消
> 「さらに」はこの陳述（呼応）の副詞で、「さらに～打消語」で『まったく～ない』という意味で用いる。

「さらにその益なし」は『まったく「益」がない』という意味で、「益」は『ききめ・効果』だから、『まったくききめがない・どうしようもない』と訳せる。

正解　ウ

・しかる間、官舎のある庭に到り着きぬ。

＝そうするうちに、役所のある広場に着いた。

・[3]あまたの官人等…

> **問3**　――線3「あまた」の意味を漢字二字の言葉で答えなさい。

「あまた」は8月号で取りあげた開成の問題でも出題されていたね。すっかり忘れている人のために、少し詳しく説明しよう。

「あまた」は漢字では「数多」と書き、『数が多い・たくさん』という意味だが、現在でも用いられている。ここでは「あまたの官人等」とたくさんの人間を表現しているので、『大勢・多勢』がよい。

正解　大勢

・[3]あまたの官人等、東西に次第に着き並みたり。

＝たくさんの役人たち（が）、東西に順番に（席に）着いて並んでいる。

・[4]わが朝の庁（役所）に似たり。

> **問4**　――線4「朝」とあるが、これは何のことか。この字を含む二字の漢字で答えなさい。

盛孝は入浴を終えて出た瞬間、真っ逆さまに大きな穴に落ちた。そして、穴の底に着いてみると、そこは役所の建物がある「庭」で、大勢の役人たちが並んで座っている。まるで「わが朝」の役所のようだった。で、この「わが朝」の朝の意味が問われている。ヒントは「庭」だ。「朝」と「庭」の2字をじっと見つめていると、頭にピンとくるものがないかなぁ。

大昔、政治は広く平たい広場で行われていた。とても重要な事柄を決めるときには、たくさんの人々が集まって話しあったのだろう。そのためには広い庭が必要だ。

そして、テーマが重要であればあるほど、話しあいに参加する人たちは多く、結論が出るまで時間がかかったろう。だから、朝から始めただろう。そう、朝から庭でみんなの問題を相談しあったのだ。これが古代の政治の姿ではなかったかと考えられている。

朝と庭が古代政治の場所だ。ところで、庭とそっくりの文字があるね。「庭」から「广」を除くと「廷」になる。

もうわかったろう。《朝庭→朝廷》だ。朝廷は、君主が政治を行う場所という意味なんだ。

正解 朝廷

・[4]わが朝の庁（役所）に似たり。ここに、盛孝四方を見廻すに、知りたる人一人なし。

＝日本の役所に似ている。そこで、盛孝（は）四方を見回すが、見知っている者（は）一人（も）いない。

・しかるに、一人の小僧あり。

＝ところで、一人の小柄な坊さんがいた。

・その形端厳なること並びなし。

＝その姿が整っていて厳かなこと（は）比類ない。

・[5]やうやく歩み出で来たる。

> 問5　——線5「やうやく」を現代仮名遣いに直しなさい。ただし、平仮名で答えること。

仮名遣いも入試頻出だ。ヤ行については出されるのを列記しよう。

やふ→よう　やう→よう

ゆふ→ゆう／よふ→よう

正解 ようやく

さて、この問5のあとには問6がある。こんな問だ。

> 問6　この文には「この小僧を見て、皆地にひざまづきて、」という言葉が抜けている。この言葉が入るのに最もふさわしい箇所の直前の三字を答えなさい。ただし、句読点等の記号も一字とする。

「この小僧を見て、皆地にひざまづきて、」を問題文のどこに入れればよいのだろうか？　パズル好きな人ならすぐ気づくだろう。

問6は、当然のことながら、問5と問7の間にあるに決まっている。

ということはだ、問6の答えの見当がつくということなのだ。

わかりやすくいうと、「[5]やうやく歩み出で来たる」（問5）と「小僧の宣はく、」（問7）の間に、問6があるに決まっているということだね。

だから、問6の「この小僧を見て、皆地にひざまづきて、」を入れる箇所は、「[5]やうやく歩み出で来たる」（問5）と「[6]小僧の宣はく、」（問7）の間だよ、いうことだ。

そうとわかれば、傍線部5から慎重に読まねばならない。

・[5]やうやく歩み出で来たる。

＝おもむろに歩いて現われた。

・その庭にあるもろもろの人、「地蔵菩薩来たり給ひたり」と言ふ。

＝その広場にいるいろいろ多くの人（が）、「地蔵菩薩（が）おいでになられた」と言う。

昔の人は仏教を深く深く信じていた。そういう信心の厚い人たちは、お地蔵様、菩薩様（菩薩は、もう少しで如来＝仏になりそうな存在）が現われたら、感動して「地にひざまづくに決まっているよね。

とすれば、「この小僧を見て、皆地に跪きて」はこのように挟みこむのが自然だろう。

その庭にあるもろもろの人、この小僧を見て、皆地にひざまづきて、「地蔵菩薩来たり給ひたり」と言ふ。

正解 の人、

・盛孝これを聞きて、大きに喜びて、小僧の御前に至りて、掌を合はせて地に跪きて、泣く泣く申していはく、

＝盛孝（が）これを聞いて、大いに喜んで、小柄なお坊さんの前に行って、手を合わせて地面にひざまずいて、泣きながら申して言ったこと（は）、

・「願はくは、地蔵菩薩我助け給ひて、早く元の閻浮（自分が生きていた世界）に返し給へ」と。

＝「お願いですから、地蔵菩薩（が私を）お助けくださって、すぐに生前の世界にお帰しください」と。

・[6]小僧の宣はく、「来たり易くて返り難きは、これ閻魔の庁なり。

＝小柄のお坊さん（地蔵菩薩）がおっしゃるの（は）、「やって来やすくて戻りにくいのは、それ（こそが）

閻魔(えんま)(大王)の役所である
・この故に、なんぢ罪ありてこの所に召されたり。
=つまり、お前は罪があってここへ召されたのだ。
・われいかでか心に任せてなんぢをゆるさむ。ただし、冥官(みやうくわん)(閻魔大王)に触るばかりなり」と宣ひて、
=私(は)なんとか望みどおりにお前を許したい。ただ、閻魔大王に告げるだけだ」
・小僧、盛孝を相具して、庁の庭に行き向かひて訴へて宣はく、
=小柄なお坊さん(が)、盛孝を伴って、役所の広場に行き(閻魔に)向かって訴えておっしゃるの(は)、
・「この男は、既にわが年来の檀越(だんをつ)(自分を信仰している人物)なり。しかるに、今この所に召されたり。
=「この男は、もう私の長年の(信者)だ。ところが、いまこの(閻魔の)役所に呼び出されている。
・しかるに、この男棄てがたき故に、ゆるし遣はさむと思ふ」と。
=しかし、この男(を私は)棄てづらいから、(地獄に落とすのを)許してやりたいと思う」と。

問7 ――線6「小僧の宣はく」の発言の内容として最もふさわしいものを次のア〜オから選び、記号で答えなさい。
ア ここに来てしまったら帰れない。ただし、地獄の沙汰(さた)も金次第だ。
イ ここに来てしまったら帰れない。しかも、私はあなたのことを知らない。
ウ ここに来てしまったら帰れない。だから、私の力で帰すことを約束しよう。
エ ここに来てしまったら帰れない。ただし、帰れるように冥官に掛け合おう。
オ ここに来てしまったら帰れない。だから、残念ながらあきらめなければならない。

小僧こと地蔵菩薩は盛孝に「冥官(閻魔大王)に触るばかりなり」と言ったが、その盛孝を「相具して」、「庁の庭に行き」、(閻魔に)向かひて訴へて」いる。つまり、盛孝を許してやれと、閻魔大王と交渉しているわけだ。

正解 エ

・冥官申していはく、「衆生の善悪の業、もとより転ずべからぬ法なり(決まりである)。定めてこれを受く。
=冥界の役人(=閻魔大王)(が)申して言うこと(は)、「人間たちの善悪の行ない(は)、もともと変えられない(のが)法則である。必ずこれ(=法則通りの運命)を受ける。
・しかるに、この男既にこの度は決定の業なり」と。
=ところで、この男(は)もう今度は(地獄に落ちることが)決定している法則である」と。
・その時に小僧泣きていはく、「この男の法、つひに転ずべからずは、
=すると小柄なお坊さん(が)泣いて言うこと(は)、「この男の決まり(を)…」

問8 ――線7「つひに転ずべからずは」の現代語訳として最もふさわしいものを次のア〜オから選び、記号で答えなさい。
ア いつまでも転んでいられないので
イ いつまでも帰るつもりがないので
ウ 絶対に代わることが出来ないのは
エ ずっと変えられないとしたら
オ 最後まで居座るつもりだとしたら

この問8のポイントは「〜ずは」だ。「〜ずは」は『(かりに)〜でないとしたら』という意味だ。4年後に君たちが受けるはずの大学入試でもよく出題されるから、しっかり記憶しておくといいぞ。

正解 エ

・われこの男に代らむ。たとひ一劫(いちこふ)(非常に長い時間)なりといふとも、われ、その苦しびを受けむ」と。
=私(が)この男に代わろう。(地獄にいる期間が)たとえ四億三千二百万年だというとしても、私(は)、その苦しみを受けよう」と。
・[A]これを聞きて、驚きて、即ち[B]を[C]にゆるし奉りつ。
=A(は)これを聞いて、驚いて、すぐにBをCに(渡して)お許しした。

問9 [A]〜[C]に入る言葉の組み合わせとして最もふさわしいものを次のア〜カから選び、記号で答えなさい。

ア　A小僧　B冥官　C盛孝
イ　A冥官　B盛孝　C小僧
ウ　A盛孝　B小僧　C冥官
エ　A冥官　B小僧　C盛孝
オ　A小僧　B盛孝　C冥官
カ　A盛孝　B冥官　C小僧

これはやさしいね。地蔵菩薩が盛孝の身代わりになって地獄に落ちると言ったので、閻魔大王がびっくりして、盛孝を許してその身柄を地蔵菩薩に引き渡した、というストーリーだ。

正解　イ

・小僧大きに喜びて盛孝に教へて宣はく「なんぢ速やかに元の国に返りて、忽緒（こつちよ）をいたす事なかれ（悪いことをしてはいけません）。またこの所に来べからず」と。

＝小柄なお坊さんは大いに喜んで盛孝に教えておっしゃること（は）「おまえはただちに元の世界へ戻って、悪いことをしてはならない。再びこの場所へ来てはならない」と。

・「かくの如きを見る」と思ふほどに活（よみがへ）れり。

＝（盛孝は）「こんなような（ことを）見た」と思ううちに蘇った。

・みづから起きゐて、親しき族に向けて、泣く泣くこのことを語る。

＝自分で起きあがって、親族に向かって（感激のあまり）泣きながらこの経験を説明した。

以上で、問題文を読み終えたが、設問はまだ解き終えていない。

問10　本文の内容として最もふさわしいものを次のア～オから選び、記号で答えなさい。
ア　盛孝は、地蔵菩薩を深く信仰していたので、地蔵菩薩の一存で地獄から帰ることが出来た。
イ　盛孝は、地蔵菩薩を深く信仰していたので、地蔵の身代わりの申し出によって助けられた。
ウ　盛孝は、地蔵菩薩を全く信じていなかったので、地獄の冥官たちによって容赦なく罰せられた。
エ　盛孝は、地蔵菩薩をほとんど信じていなかったが、自ら冥官たちを言い負かすことで生還を遂げた。
オ　盛孝は、地蔵菩薩をそれ程信じていなかったけれども、地獄に墜ちた後、小僧のとりなしで極楽往生した。

盛孝は地蔵菩薩を深く信仰していたことは、問題文に記されていない。

小僧、盛孝を相具して、庁の庭に行き向かひて訴へて宣はく、「この男は、既にわが年来の檀越（だんをつ）自分を信仰している人物）なり。

という箇所だ。

また、地蔵菩薩が盛孝の身代わりになると申し出たことも次のように記されている。だから、正答はイしかない。

小僧泣きていはく、「この男の法、[7]つひに転ずべからずは、われこの男に代らむ。たとひ一劫（いちこふ）（非常に長い時間）なりといふとも、われ、その苦しびを受けむ」と。

正解　イ

問11　本文の内容を示す次の言葉（ことわざ）の空欄に入れるのに最もふさわしい言葉を漢字一字で答えなさい。
地獄で（　　）。

地獄という言葉を含むことわざなどの慣用句で知っておくと便利なのをあげておこう。

○地獄で仏　地獄のようなつらさにおちいっているときに、仏のような思わぬ助けにあうことのたとえ。

○地獄の一丁目　破滅や大きな困難の始まりのたとえ。

○地獄の沙汰（さた）も金次第　地獄の裁判の判決でさえも金の力で変えられるという、金力万能のたとえ。

この問題文では、地獄で地蔵菩薩に救われたのだから、まさに地獄に仏である。

正解　仏

問12　『今昔物語集』は説話集である。これと同様の作品を次のア～オから選び、記号で答えなさい。
ア　徒然草　イ　万葉集
ウ　竹取物語　エ　源氏物語
オ　宇治拾遺物語

『徒然草』は随筆、『万葉集』は歌集、『竹取物語』と『源氏物語』は物語、『宇治拾遺物語』は説話集。

正解　オ

宇津城センセの受験よもやま話

ある少女の手記①

宇津城 靖人先生
早稲田アカデミー　特化ブロック　ブロック長
兼 ExiV西日暮里校校長

「私たちの学院は、清く正しい生活を通じて、他者を重んじる慈愛に満ちた人間を育みます！」

甲高い耳障りな声で、学院長のいつもの話が始まった。話に熱くなったのか、太った体型のせいなのか、汗がだらだら流れている。ファンデーションとアイシャドウが汗で流れ落ち、黒くにごった汗の雫があごのあたりから演台へと垂れる。見るからに醜悪だ。残念ながら、見た目からは清らかさも正しさも感じない。

学院長のこのお決まりの台詞のあとには、この学院の歴史についての話が長々と続く。そして、いかに自分が教育者として高い理想に燃えて生きてきたか、自分が学院長という立場まで上りつめたのはいかにすごいことか、学院長である自分がどんなに高貴な存在であるかと話し続ける。

いつも本当に反吐が出そうになる。なにが「慈愛」だ。あなたは「自愛」にしか満ちていないだろうが。あなたは私たち生徒を、「他者」を、重んじてくれたことがあるのか。この話を聞いている「他者」が自分の話をどのように感じているかわかっているのか。それすらわからない人間から「他者を重んじろ」などと言われても、まったく心に響かない。「まずはあなたが他者を重んじてみたらどうですか」と言いたくなる。普段の学校生活のなかでも、この人の醜悪さを垣間見ることがたくさんある。

学院長という立場を最大限活用して、ほかの教諭たちにはまるで自分が皇帝であるかのような高圧的な態度で臨み、ちょっとでも自分の意見と違うことを言う職員がいたら、ヒステリックな甲高い声でどなる。その論調がまたヒドイ。知性を感じない。まったく論理的ではない叱り方をする。つねに感情論でしかない。「ここは天下のA学院よ！」「私がどんな気持ちで学院長になったと思ってるのよ！」という、「学院長、それは今回の件とは関係ないと思うんですけど」と、しがない高校生の私でもツッコミを入れたくなるようなレベルの話しぶりだ。

一方で、自分の言いなりになる、自分に媚びへつらう職員には甘ったれたような猫なで声で接する。その醜悪さといったら目も当てられないくらいである。

１番マズイのは、これらのことを私のような生徒たちが見ている前で臆面もなく行ってしまうことだ。普段生徒から尊敬を集めている頼りがいのある先生が、ヒステリックで必要以上にふくよかな女性に面罵されている姿を見るのは、生徒からすると苦痛以外のなにものでもない。あの学院長様には、生徒の目を気にするという視点がいっさいないのだ。一生徒でしかない私がそのように感じるのだから、下で働いている先生がたはいかばかりであろうか。そういえば、先生が学期の途中で代わったりすることが多い。きっと退職率が高いのだろう。

普通、「自分が偉い」とか「すごい」とか、本当に偉い人は言わないものだと思う。「偉い」「すごい」といった賛辞や評価は他者が下すものであって、自らが下すべきことではないし、自称することでもない。まして、他人に同意を求めたり、強要することでもない。そんな、私でもわかるようなレベルの低いことが、この学院長様にはわからないのだ。だから、どんなに「理想を追求する高尚な教育者」ぶってみても、残念ながらひどく浅い人間の底が見えてしまうので、薄っぺらい猿芝居にしか見えないのである。

　こういう大人には絶対になりたくないという気持ちが湧きあがってくる。ああ、なるほど。自分のような大人にはなってはいけないという反面教師を、自ら演じてくれているということか。いや、そんな深慮遠謀はこの人には似つかわしくない。「あたしのとっておいたチーズケーキを食べたのはだれ!?　いますぐ院長室まで来なさい！」などと、馬鹿げた校内放送を授業中に流したりするような人に、そんな知性があるはずもない。反面教師どころか、学院長を見た生徒たちはみな大人や社会に絶望してしまっている。

　問題を起こした生徒が出ると、「思春期だから」「反抗期だから」というステレオタイプに当てはめるだけで、生徒たちの感じている本質に目を向けようとは決してしない。朝礼で、問題のあった生徒をあげつらい、「あの生徒は反抗期なのよ」とか「あの子の家は母子家庭だものね」のひと言で済ませておしまいである。

　「母子家庭」のなにがマズイのか。

　「学院長、私たちは別に反抗期だからあなたに反発しているのではありません。一般的な人たちが見たら、あなたを非常識だとみんなが思いますよ」と言ってやりたくなる。

　そんなことを考えていると、私のすぐ前に立っていた紗希の身体がグラリと揺れた。そしてそのまま、体育館の床に突っ伏してしまった。

「紗希！　紗希！　大丈夫!?」

　私は紗希に駆け寄ると、彼女の顔を覆っていた髪を払いのけた。彼女の顔は真っ青というか真っ白で、血の気がまったくなかった。見るからに貧血だ。

「先生！　紗希が倒れた！」

　私は声をあげて、教諭たちに助けを求めた。異変に気づいた周囲の生徒がざわつき始めた。紗希の近くのみんなは心配そうに様子を見ている。すぐに男性教諭が2人駆けつけてくれた。

「おい、倉田！　倉田！　大丈夫か?!」

　教諭の1人が紗希の肩を揺らしながら、抱き起こそうとした。

「おい！　倉田！」

「う、うーん…。あ、……はい。」

　紗希が反応した。意識は戻ったようだが、目はまだうつろだ。

「貧血か?」

「…え、…あ、はい…。…す、すみません。」

「とりあえず、医務室へ行こう。」

　2人の教諭に両腕を抱えられて立たされると、真っ白な顔をした紗希はそのまま医務室へと連れていかれた。周囲で心配そうにしていた生徒たちも、安心したのか、落ち着きを取り戻しつつあった。

　一方で、例の学院長はというと…。

　未だに先ほどの話の続きを話していた。生徒が倒れたことなどまったく意に介さずに、延々としゃべり続けている。自らの話に悦に入っており、恍惚の表情を浮かべている。私はあまりの醜悪さに怒りが湧いてきた。そして思わず叫んでいた。

「学院長！」

　周囲がざわついた。もう引き返せない。言ってやるしかない。

「なによ?　あなたは?」

　むこうはマイク越しだ。分が悪いが戦うしかない。ボリュームでだって負けてなるものか。

「1年C組の向井田さくらです！　学院長にお願いがあります！」

　私はあらん限りの声で叫んだ。

「…なあに?　いま、お話の最中なのですけれど?」

「そのお話についてのお願いです！　申し訳ありませんが、もう止めていただけませんでしょうか！」

　周囲がざわつく。構うものか。

「はっきり申しあげて、学院長のそのお話はもう聞き飽きました！　1年生の私ですらすでに同じ話を8度は聞いたことがあります！　貧血で生徒が倒れています！　学院長のお話は、正直、生徒にとって大迷惑です!!」

　全力で叫んだ。気柱が立つほどに。

「そうだ！」

　どこかで男子生徒が叫んだ。

「その通りだ！」とさらに男子生徒が叫んだ。

「やーめーろ！　やーめーろ！」

　どこからともなく始まったコールが広まっていった。

　生徒たちがみんな加勢してくれた。体育館中で「やめろコール」が響いた。

「こんな屈辱ったらないわ！」

　ヒステリックでメタボリックな学院長は、そう言ってドスドスと足音を立てながらステージを去った。

「イエーイ!!」

　体育館中が歓喜に湧いた。「ざまあみろ！」「ババア！」などの男子からの野次が飛び交った。

「キャー！」「凄いね！」「さくらカッコいい！」とクラスの女子たちが私の回りに集まってきた。

　周囲の盛りあがりとは正反対に、私はひどく落ち込んでいた。あーあ。やっちゃった。あたしは停学になるんだろうか。それとも退学?　あー、どうしよう。お父さんになんて言おう。などと考えていた。

　そんなこんなで、その日私は学園のヒロインになった。これがこのあと長く続く、学院内での戦いの幕開けであったとは夢にも思わなかった。

　この朝礼のあと、医務室に赴くと「よく仇を討ってくれた」ということで紗希からはとても感謝された。それが縁で紗希とはこのあとに親友になるのだが、それはまた別のお話。

国語

東大入試突破への現国の習慣

**時と場合による
使い分けが出来てこそ
センスのあるオトナと
言えるのです!**

田中（たなか） 利周（としかね）先生
早稲田アカデミー教務企画顧問

東京大学文学部卒。東京大学大学院人文科学研究科修士課程修了。
文教委員会委員。現国や日本史などの受験参考書の著作も多数。
早稲田アカデミー「東大100名合格プロジェクト」メンバー。

慇・懃・無・礼?! 今月のオトナの四字熟語「言文一致」

「日常に用いられる話し言葉に近い口語体を用いて文章を書くこと」。これが「言文一致」の意味になります。文学史の授業で登場しますね。現在、君たちが普段目にしている文章は、もちろん「口語体」になります。では、「言文一致」の運動が行われる前には、一体どのような文章が書かれていたと言うのでしょうか? 「日常には用いられない言葉」による文章、もちろんそれは「話し言葉」ではありません。「口語体」に対してこれを「文語体」と言います。文語体の文章の例を挙げてみましょうか。

「石炭をば早や積み果てつ。中等室の卓のほとりはいと静にて、熾熱燈の光の晴れがましきも徒なり。」

何を言ってるか分かりませんか(笑)。けれどもこの文章は、森鷗外の小説『舞姫』の冒頭部分なんですよ。

今年、平成二十四年は、医学博士にして文学博士でもある森鷗外の、生誕百五十年にあたる記念の年である、ということを皆さんはご存知だったでしょうか?

こうした「周年」にあたる歴史上の人物については、入試問題で取り上げられることも多いですので要注意ですよ。小説家にして評論家、翻訳家にして劇作家、そして陸軍軍医にして官僚といった、マルチな才能を発揮した森鷗外です。十九歳で東京大学を卒業したという最年少記録は、今後も破られることはないだろうと言われています。

夏目漱石とならび「明治の文豪」と称される森鷗外ですが、その作品を手に取ったことは皆さんありますでしょうか?

「文語体」の例として冒頭部分を引用した『舞姫』は、ゆとり教育の導入前は教科書にも載っていた作品だったということを知っておいてくださいね。映画化もされているのでご存知の方もいらっしゃるでしょう? 異国の地を舞台とした、日本人エリート青年の豊太郎とドイツ人の踊り子エリスとの恋愛物語なんですよ。また『山椒大夫』という小説は、童話として『安寿と厨子王』というタイトルとなった絵本で見かけた方もいるのではないでしょうか。

先日「森鷗外生誕百五十年」を記念したシンポジウムが本郷東大の構内で開催されまして、筆者も「ご近所」ということで参加してきました。講演者の一人である平野啓一郎さんとお話させて頂いたのですが、非常に興味深い内容でした。平野先生は京都大学在学中に芥川賞を受賞されたという経歴を持つ気鋭の作家さんです。夏目漱石に影響を受けた、と表明する作家さんは多いのですが、「森鷗外の作品を全て読み込んで、大いに啓発された」とおっしゃる平野先生は、珍しい？　タイプです。平野先生からお聞きした森鷗外についてのお話について紹介してみましょう。

『山椒大夫』という作品は、悪人である山椒大夫が、タイトルにもなっているように主人公なんですね。悲劇の主役であるはずの安寿と厨子王がいるにもかかわらず、です。しかも話の結末、極悪非道の山椒大夫はどうなったのでしょうか？「一族はいよいよ富み栄えた」と書かれています。悪人が富み栄えて、オシマイなんです。なぜでしょう？　悪は滅び、正義が勝つ！　と信じている人には、たえられないエンディングです。実はココに鷗外作品の本質があるのです。「どうにもならないことが人生にはあるのだ」ということ。むしろ冷静に世の中を眺めてみれば、思うようにならない現実こそが、本当の姿であるということなのです。平野先生はこのようにおっしゃいました。

文学史の授業では普通、次のように習います。江戸時代の戯作文学にみられる「勧善懲悪」（悪が滅んで、正義が勝つ）のストーリーを否定して、思い通りにならない社会の現実を写実することを目的として描き出されたのが「小説」であり、そのスタートとも言えるのが、「言文一致」を推し進めた坪内逍遥でありその弟子の二葉亭四迷の作品『浮雲』である、と。

ですから鷗外の『舞姫』は、『浮雲』よりも後に発表されたにもかかわらず「文語体」で書かれていることもあり、「言文一致」の運動を停滞させた！　などという評価があったりもするのです。しかしながら別の意見として、『浮雲』の文体も結局江戸の戯作文学の影響から抜け出せずにおり、むしろ鷗外の『舞姫』の文体こそ文語調ではあるが翻訳体であり写実的である、というのもあるのです。『浮雲』の文章は翻訳不可能で全く写実的ではない！　と、一刀両断する批評家がいたりもします。面白いでしょう？　え？　かえって混乱するって？

グレーゾーンに照準！　今月のオトナの言い回し「TPOに応じた」

「TPO」とは、Time（時間）、Place（場所）、Occasion（場合）の頭文字をとって、「時と場所、場合に応じた方法・態度・服装等の使い分け」を意味する和製英語になります。ですから英語圏の人に「TPO」と言ったとしても通じませんよ。これは「日本メンズファッション協会」がその昔に発表した日本語なのですから。当時、まだ洋服の着方が分からないという人たちが多く、そんな人たちのためのガイドラインとして、「どういう時間帯に、どういう場所で、どんな場合に」という三つの切り口で、スタイルの提案をしたということです。ですからこの「TPOに応じた」という言葉は、もともとスタイリストのすすめ、という意味合いで発案されたものだったのですね。

思い出されるのが、お茶の水女子大学名誉教授の外山滋比古先生の言葉ですね。「身につけるもののスタイルにはずいぶん神経を使っている女性が、言葉のスタイルにぬかりがあったりする」のが残念だ、と嘆いていらっしゃいました。「スタイル」に神経を使うというのは、「その場にふさわしいか？」「似つかわしいか？」という判断をめぐって、ちゃんと頭を使うという意味です。それは服装や持ち物に限った話ではありません。ここで君たちに特に注意してほしいのが、言葉の使い分けです。

誰に対しても同じような言葉遣いで通すというのを「自分らしいスタイルだ」と考えるのは、本当の意味では「スタイル」に対して何も考えていない＝頭を使っていないということに気づいてほしいのです。

言葉の「時と場合によっての使い分け」を否定するというのは、外山先生の卓抜なたとえを拝借するなら、「あらゆる時にパジャマで通してよいと言っているようなもの」なのです。確かに着ていて一番着心地がよいのはパジャマです。だからといって、寝る時だけではなく、人とあうのも、レストランで食事をするのも、パジャマ姿で通して涼しい顔をしている人はいないでしょう。寝る時と、家にいる時と、外出する時と、それぞれ別の装いをするのが人間の文化的な営みなのです。言葉を時と場合によって使い分けるのは、衣服を着替えているのと全く同じ文化の営みだということです。

くだけた表現がダメだ、と言っているのではありません。うちうちで使う「くだけた言葉」と、標準装備として使いこなせる「普通の言葉」と、よそ行きの際に使う「改まった言葉」。この三つくらいは区別できるようになってほしいのです。場違いな言葉を使えば、品性を疑われかねないという怖さを知っているのがオトナです。言葉を使えるというのは、臨機に言葉の切り替えのできるセンスを身につけることにほかなりません。このセンスは、持って生まれたものというよりも、日々の習慣によって確立されるものだと言えるでしょう。皆さんもぜひ、言葉のスタイリストを目指してください！

線分CPの長さは何cmですか。

(2)　右の図2は、図1において、頂点Aと点P、頂点Bと点P、頂点Fと点Pをそれぞれ結んだ場合を表している。

DP：PE＝3：1のとき、立体P－ACFDの体積と、立体P－BCFEの体積の比を、最も簡単な整数の比で表しなさい。

図1

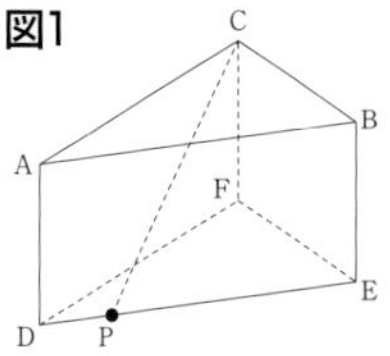

図2

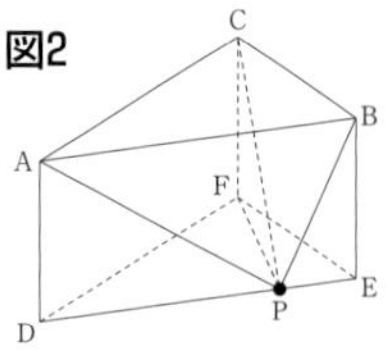

<解き方>

(1)　点Pが辺DEの中点となるとき、∠DFEが直角であるから、DEを直径とする円は頂点Fを通る（直角三角形の斜辺の中点は外接円の中心となる）ので、FD＝DP＝$\frac{1}{2}$DE＝4cm

よって、△CFPは直角二等辺三角形となるので、CP＝**$4\sqrt{2}$(cm)**

(2)　DP：PE＝3：1のとき、△FDP：△FPE＝3：1

よって、図のように点Pから辺ABに垂線を引き交点をQとすると、高さが等しいから、

（三角柱ACQ－DFPの体積）：（三角柱CQB－FPEの体積）＝3：1

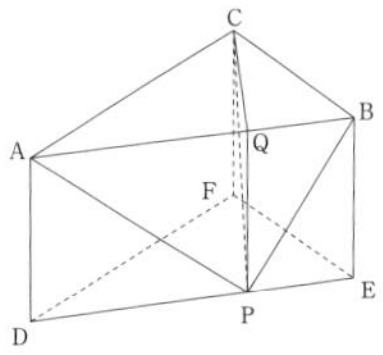

立体P－ACFDは、三角柱ACQ－DFPから三角すいP－ACQを切り取ったものだから、その体積は三角柱ACQ－DFPの$\frac{2}{3}$。立体P－BCFEの体積も同様に、三角柱CQB－FPEの体積$\frac{2}{3}$。

よって、立体P－ACFDの体積と、立体P－BCFEの体積の比も、**3：1**となる。

展開図から組み立てた立体の体積を求める問題も入試では多く取り上げられます。

問題3

図Ⅰの長方形ABCDは、AB＝8cm、AD＝16cmであり、辺ADの中点をEとする。また、辺BC上に、2点F、GをBF＝CG＝4cmとなるようにとる。

図Ⅰの長方形を、線分AF、FE、EG、GDを折り目として図Ⅱのように折り、図Ⅲの四面体HEFGをつくった。辺FGの中点をMとするとき、後の(1)～(4)の問いに答えなさい。（群馬県）

図1

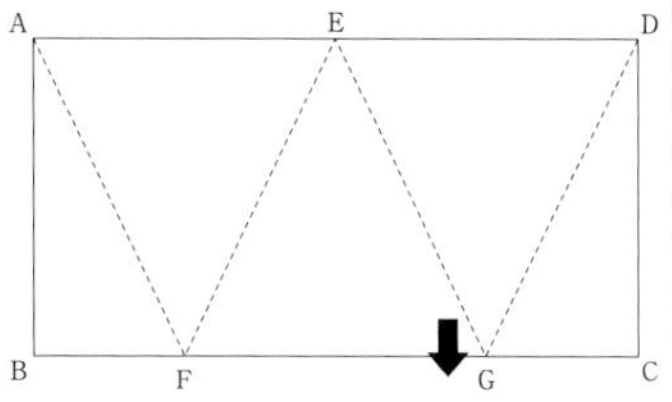

図2

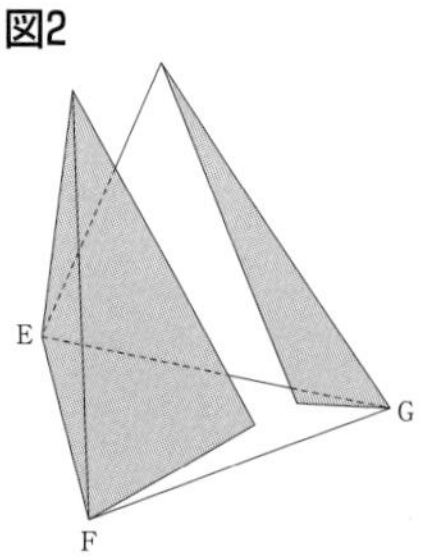

(1)　図Ⅲの点Hで重なるのは、図Ⅰのどの点か、すべて書きなさい。

(2)　図Ⅲにおいて、辺HFの長さを求めなさい。

(3)　三角形HEMについて、

①　三角形HEMはどんな三角形か、書きなさい。

②　三角形HEMの面積を求めなさい。

(4)　四面体HEFGの体積を求めなさい。

図3

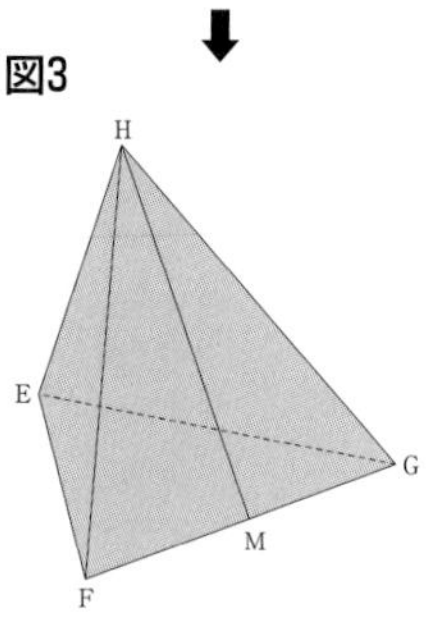

<考え方>

(4)　FG⊥面HEMであることに気づくと計算が楽になります。

<解き方>

(1)　点Eが辺ADの中点となっているので、図Ⅲの点Hで**点Aと点Dが重なる**

(2)　辺HFの長さは図Ⅰの線分AFと等しいので、△ABFにおいて三平方の定理より、

AF＝$\sqrt{8^2+4^2}$＝**$4\sqrt{5}$(cm)**

(3)①　図Ⅰにおいて、四角形ABMEは正方形だから、EM＝AB

点Hは点Aと、点Mは点Bと同一だから、HE＝AE、HM＝ABであり、いずれも正方形ABMEの一辺である。よって、三角形HEMは**正三角形**

②　1辺が8cmの正三角形の高さは$4\sqrt{3}$cmだから、

（三角形HEMの面積）＝$\frac{1}{2}\times8\times4\sqrt{3}$＝**$16\sqrt{3}$($cm^2$)**

(4)　△HFGと△EFGはともに二等辺三角形で、Mは底辺FGの中点だから、HM⊥FG、EM⊥FG。よって、FG⊥面HEM

これより、求める四面体の体積をVとすると、△HEMを底面、FGを高さとして、

V＝$\frac{1}{3}\times16\sqrt{3}\times8$＝**$\frac{128\sqrt{3}}{3}$($cm^3$)**

<注意>この問題では、図Ⅱ、図Ⅲのような見取り図が与えられていますが、展開図だけの場合も少なくありませんので、展開図から正確な見取り図を書けるように練習しておきましょう。

立体は苦手という人も少なくないようですが、中学1年で学習して以降、空間図形を学習する機会がありませんから、練習不足という面が大きいように思います。上で見てきたように、相似と三平方の定理を活用する問題が中心ですから、まずは典型的な問題をしっかり研究することが大切です。

また、問題2、問題3のように、立体の体積を求めるときは、直線と直線、直線と面の位置関係を正確にとらえることが重要です。これらの問題を練習材料として、解き方のコツをつかんでください。

数学

楽しみmath 数学！DX

空間図形を克服し 苦手意識を払拭

登木 隆司先生
早稲田アカデミー　城北ブロック ブロック長
兼 池袋校校長

今月は、空間図形について学習しましょう。
はじめに、立方体の問題から見ていきます。

問題1

右の図のように、1辺の長さが6cmである立方体ABCDEFGHがある。辺DHの中点をPとし、長方形BDHFと△DEGの交線が、線分FHと交わる点をQとする。また、線分DQと線分BPとの交点をRとする。

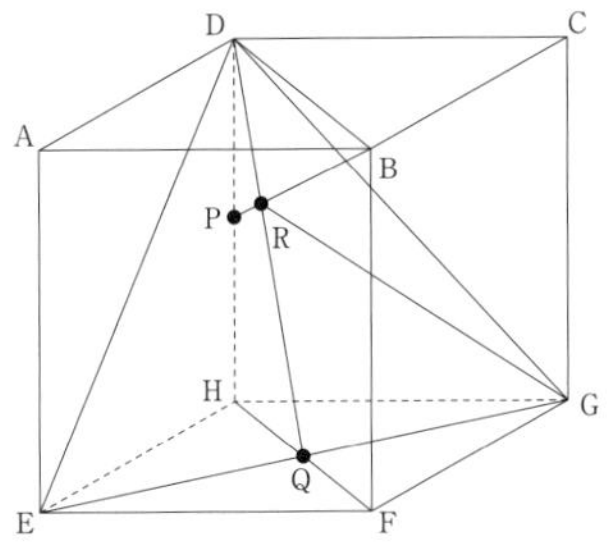

このとき、次の（1)、(2）に答えなさい。（茨城県）

(1)　長方形BDHFの面積を求めなさい。

(2)　△RQGの面積を求めなさい。

＜考え方＞

(2)　では、相似を利用して線分DRと線分RQの長さの比を求めます。

＜解き方＞

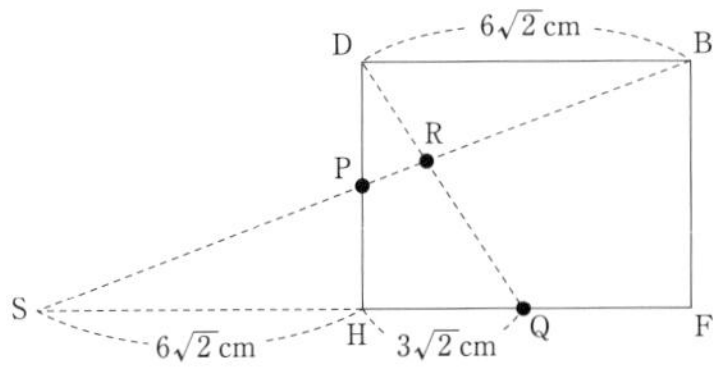

(1)　線分BDは1辺が6cmの正方形の対角線だから、その長さは$6\sqrt{2}$cm

よって、長方形BDHFの面積は、$6\times6\sqrt{2}=$**$36\sqrt{2}$(cm^2)**

(2)　正方形の対角線の交点だから、点Qは線分HFの中点。

よって、HQ$=3\sqrt{2}$cm

図のように、直線BPと直線FHとの交点をSとすると、△DBP≡△HSPより、SH$=6\sqrt{2}$cm

また△DBRと△QSRにおいて、∠DRB＝∠QRS、∠RBD＝∠RQSより△DBR∽△QSRだから、

DR：QR＝DB：QS$=6\sqrt{2}:9\sqrt{2}=2:3$

ここで、△DHQにおいて三平方の定理より、DQ$=\sqrt{6^2+(3\sqrt{2})^2}=3\sqrt{6}$cm

これより、RQ$=\frac{3}{5}$DQ$=\frac{9\sqrt{6}}{5}$

よって、△RQG$=\frac{1}{2}\times3\sqrt{2}\times\frac{9\sqrt{6}}{5}=$**$\frac{27\sqrt{3}}{5}$(cm^2)**

続いて、三角柱の問題ですが、特別な三角形（三角定規の形）がいろいろなところに登場します。

問題2

右の図1に示した立体ABC－DEFは、AB＝8cm、BC＝4cm、AD＝4cm、∠ACB＝∠BAD＝∠CAD＝90°の三角柱である。

辺DE上にある点をPとし、頂点Cと結ぶ。

次の各問に答えなさい。　　　　　　　　（都立白鷗）

(1)　図1において、点Pが辺DEの中点となるとき、

英語

ニュースな言葉

a new mission to explore another asteroid

川村 宏一先生
早稲田アカデミー　教務部中学課　上席専門職

今回は科学技術に関するニュース英語です。さまざまな本や映画で取りあげられ、ちょっとした宇宙ブームを呼んだ宇宙探査機「はやぶさ」の話題です。

「はやぶさ」は2003年５月に打ちあげられ、2005年に小惑星「イトカワ」に着陸。2010年６月に世界で初めてサンプルを持って地球帰還を果たしました。さて、現在進められている宇宙研究の計画が次の英文です。

Japan's space agency JAXA is planning a new mission to explore another asteroid.

この英文にある宇宙に関する英単語は、'space'と'asteroid'です。日本語でも「スペース」は「空間、空き場所、間隔」という意味と、「宇宙」という意味でよく耳にすると思います。見慣れない英単語'asteroid'は「小惑星」という意味です。ちなみに「惑星」を'planet'、小惑星を'minor planet'と呼ぶこともあります。

さて、英語構文を見ると、おなじみの「to不定詞」が出ています。to不定詞といえば、名詞的用法・形容詞的用法・副詞的用法の３つをまず思い出してください。

この英文の「to＋動詞の原型」は'to explore'ですね。その意味が「探索すること」、「探索するための」、「探索するために」のどれに当てはまるか、みなさんすぐにわかりますか？

to不定詞の前の部分から見ると、'a new mission to explore／（探索するための新たな任務＝ここでは宇宙飛行）'という形で、'to explore'が'a new mission'を修飾しています。というわけで、ここでのto不定詞は形容詞的用法です。では、文章全体を訳してみましょう。

Japan's space agency JAXA is planning a new mission ／（日本の宇宙機構JAXAは、新たな宇宙飛行を計画している）／to explore another asteroid. ／（ほかの小惑星を探索するための）

このプロジェクトは、「はやぶさ」で培った経験を活かして、後継機の「はやぶさ２」が小惑星「1999 JU3」をめざすというものだそうです。「はやぶさ２」には小惑星のサンプルを分析することで、太陽系の起源や生命誕生のルーツに迫ることが期待されています。

理化学系の英文は、難解な印象があって食わず嫌いになりがちですが、専門的な英単語の意味さえわかれば、案外スラスラと読めるものです。

今回はスケールの大きな宇宙の話題を取りあげましたが、最新の科学技術発明や進歩については、英文で発表されているものがほかにもたくさんあります。みなさんも興味があったら調べてみるとおもしろいですよ。

something extra

今回の英文に登場した'mission'という英単語、日本語でも「ミッション」と言いますが、辞書などで調べると、「使命、任務」などの意味で、同義語を調べると'task（務め）、duty（義務）、business（業務）、aim（ねらい）'などがあります。

また今回の例文のように、'mission'には（特定の目的を果たすための）宇宙飛行という意味もあります。今回話題の「はやぶさ２」の宇宙飛行は'Hayabusa-2 mission'と呼ばれています。また、'mission control center'といえば、宇宙飛行管制センターのことです。

いえ、この間の数学は、みなさんがシンドバットやアリババ、そしてアラジンでご存知の中近東（アラブやペルシャ）でおもに算術として発展します。現在使われている数字を『アラビア数字』と言うのはこのためです。

この他にもアラビア語源の科学用語は多く、『アルカリ』なんて言葉もそのひとつですし、おもに商業と密接に発展した関係で、約数の多い12を単位として用いたため『1ダース』が使われだしたのもこのころと言われています。

ルネサンスを機に
ヨーロッパで発展

数学は十字軍の影響で知識が地中海世界に逆輸入された、ルネサンスを機に再び前進をはじめます。レオナルド・ダ・ヴィンチ（1452-1519）たちが活躍した時期です。その後ガリレオ・ガリレイ（1564-1642）が登場して科学も夜明けを迎えるのです。

日本では戦国〜江戸時代で、ガリレオの亡くなった年にニュートンが生まれたのは有名ですね。ダ・ヴィンチの30歳年下のデカルトは直交座標系を発見し『方法序説』を示したことで有名な人です。『我思う故に我あり』はあまりにも有名な言葉。二元論の創始者のようなこの人は、その著書のなかでこう言っています。

『すべての問題は数学の問題にすることができ、すべての数学の問題は代数の問題にすることができ、すべての代数の問題は解くことができる。故にすべての問題は解くことができる』

なんてロマンチックな人でしょう！　現在では、解けない代数問題なんてその存在が当たり前のように言われているし、ましてやすべての問題が･･･のくだりは現代人には受け入れにくいものかもしれません。でも待ってください。この姿勢こそその後の科学を発展させる原動力となるのです。

このあまりにも無邪気で素朴な、問題は解決するはずだという信念は、現在の研究者のなかにも脈々と受け継がれていて、いまも世界中で息づいています。『すべてとは言わないけれどきっと解決できる』そんな気持ちが科学者を衝き動かしているのかも知れません。

まだ10代のみなさんには、いや、心の柔軟な10代だからこそ、ぜひともこのようなロマンチックな世界観を抱いて欲しいものです。大人になれば失ってしまうことの多い世界観ですから…。でも、ドストエフスキーには怒られるかもしれないけれど。

単なる暗記や反復ではない
ロマンチックな数学

さて、デカルトの後継者のなかにポリアという人がいました。『ポリアの壷』は高1の冬期講習会で確率の問題として扱います。彼が提唱したのが『発見的方法論』です。日本の教科書では中々お目にかかることがないので、なじみのない言葉ですが、初見の問題を解決する際には必須の思考法です。簡単に言うと『思いつきやヒラメキだけでなく、理論的に問題解決の手順を踏む』ことに軸足を置いた考え方です。

彼の後継者にはコンピュータの世界でよく使われるアルゴリズムの語源となった人もいるくらいで、論理的な思考方法のひとつと言えるでしょう。

Success18の数学では、ポリアの発見的方法、ユークリッドのアニャルシス（結論からの逆戻り）、発想転換における二項対立のチェックなどを数学の問題解決の基本方法として位置付け、各単元の学習に反映させています。

単なる暗記や反復のみによる『作業的な数学』ではなく、『ロマンチックな数学』を通じて、興味も成績も伸ばしていく…。すべての数学講師が夢見たり、諦めたりしているそんな数学教育の理想像を、講師自身が飽くなき探究心と責任感を持って生徒とともに追求していくのが我々のあるべき姿だと考えています。理系・文系に囚われず、論理的に問題解決の方法を考える力を数学を通じて学んでいきましょう。

梁山泊はかく語りき

英数国の担当責任者が各科目への新しい向き合い方を伝授します。

久津輪 直先生

早稲田アカデミーサクセス18ブロック
副ブロック長
兼　Success18渋谷校校長

開成・早慶附属高校合格者を多数輩出してきた早稲田アカデミー中学部が誇る、傑出した英語教師。綿密な学習計画立案と学習指導、他科目講師とチームとなって連携指導する卓越した統率力は、高校部門Success18校長として着任後も、遺憾なく発揮。2011年春の入試では、渋谷１校舎約130名の高３生から、東大22名、早慶上智大97名という歴史的快挙を達成。週末は、現役の開成必勝担当者として、その辣腕をふるっている。

ご存知、早稲田アカデミーNo.1数学講師。その能力開発の方法論、得点力獲得にこだわる徹底した実戦主義、システマティックな講義内容などは他の追随を許さない。その担当する講座から毎年２桁の東大合格者を常勝させる手腕は、難関高校に通う生徒たちからも、絶対の信頼を勝ち得ている。週末の特別講座では、東大必勝の数学講座を担当するのみならず、中学部の開成必勝数学講座にも登場。白濱先生の講義で数学に目覚め、開成高校に合格、合格後もSuccess18で数学を学び、再び３年後に東大入試に合格、というストーリーは、もはや常識になりつつある。

はじめに

こんにちは。早稲田アカデミー高校部門Success18の久津輪直です。先月号から私たちSuccess18のトップ講師に登場してもらい、これから先の未来に向けた、新しい勉強への視点と姿勢を提示してもらっています。第２回目は、数学科白濱裕司です。

はじめまして、Success18数学科の白濱裕司です。池袋と渋谷の校舎を中心に、高校１年生から３年生まで、全学年の最上位クラスを担当しています。Success18の数学の講座は、おもに数学ⅠⅡ単元を扱う『α』と、数学ＡＢ単元を扱う『β』に分かれています。今回はどちらの講座でも共通して意識している歴史観・世界観をご紹介していきたいと思います。

ギリシャからローマ、アラビアへと発展した数学

まずは数学史のお話。ご存知のとおり、論理的な思考方法は紀元前のギリシャにその起源が辿れます。

このころはまだ現在の学問領域の分化は行われていません。宗教と哲学と科学、そして政治までもが渾然一体となっていました。このころ、幾何学のユークリッドやピタゴラス、物理化学方面のアルキメデスやデモクリトス等の有名な先人たちが、科学の先陣をきったと言われています。

驚くことに、このころの人々は数字や代数などという、今日の数学のイメージとなるようなものは、なにも、道具として使用していませんでした。『数字を見ると頭が痛くなる』と言った数学嫌いな人にとってはパラダイスだったのかもしれません。

その後、時代がローマに移っても事態に変化はありませんでした。と、言うより退化してしまいます。ユークリッドの原本はその一部分しか翻訳されず、ローマから11世紀のキリスト教世界まで、約1000年の間、地中海世界での数学は停滞の時期を過ごします。確かにローマ数字（ⅠⅡⅢ…）は使いにくいですよね。

では、世界から数学の発展はなくなってしまったのでしょうか？

みんなの数学広場

問題編

答えは次のページ

TEXT BY かずはじめ

数学を子どもたちに、楽しく、わかりやすく、使ってもらえるように日夜研究している。好きな言葉は、”笑う門には福来る”。

初級〜上級までの各問題に生徒たちが答えています。
どの生徒が正しい答えを言っているか当ててみよう。
もちろん、当てずっぽうじゃなく、実際に問題を解いてみてね。

上級

これはサッカーボールの見取図と展開図です。

見取図

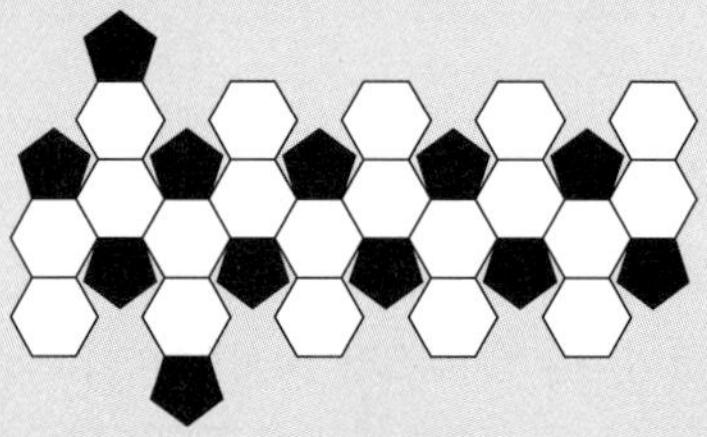

展開図

実際は空気を入れてふくらませてできていますから球状ですが…。
さて、このサッカーボールの見取図はなんという立体でしょうか。

A
正五角形と正六角形が混ざってできていますね。
答え 混合二十面体
B
1つの正六角形の辺のまわりに3つずつ正五角形と正六角形がついているので
答え 三付帯二十面体
C
もともと1つの面が正五角形の正二十面体の角(かど)を切り落として作ったので
答え 角切り二十面体

中級

昔ギリシャのデロス島で悪疫が非常に流行しました。

神のお告げによると、立方体の祭壇を2倍の大きさにすれば災いが収まるとのことで、みんなはさっそく各辺の長さを2倍にしましたが、災いは、いっこうに収まりませんでした。

立方体の祭壇をどうすればよかったのでしょうか。

※これはデロスの問題と言われているものです。

A
辺を2倍するのが大きすぎたんだよ。
答え 各辺を 1.26倍に
B
辺を2倍するのがビミョーだよ。
答え 各辺を 1.41倍に
C
辺を2倍するのが小さすぎたんだよ。
答え 各辺を 3.14倍に

初級

現在の日本の消費税は5%です。

では、いくらの品物の購入までならばこの消費税を免れるでしょうか?

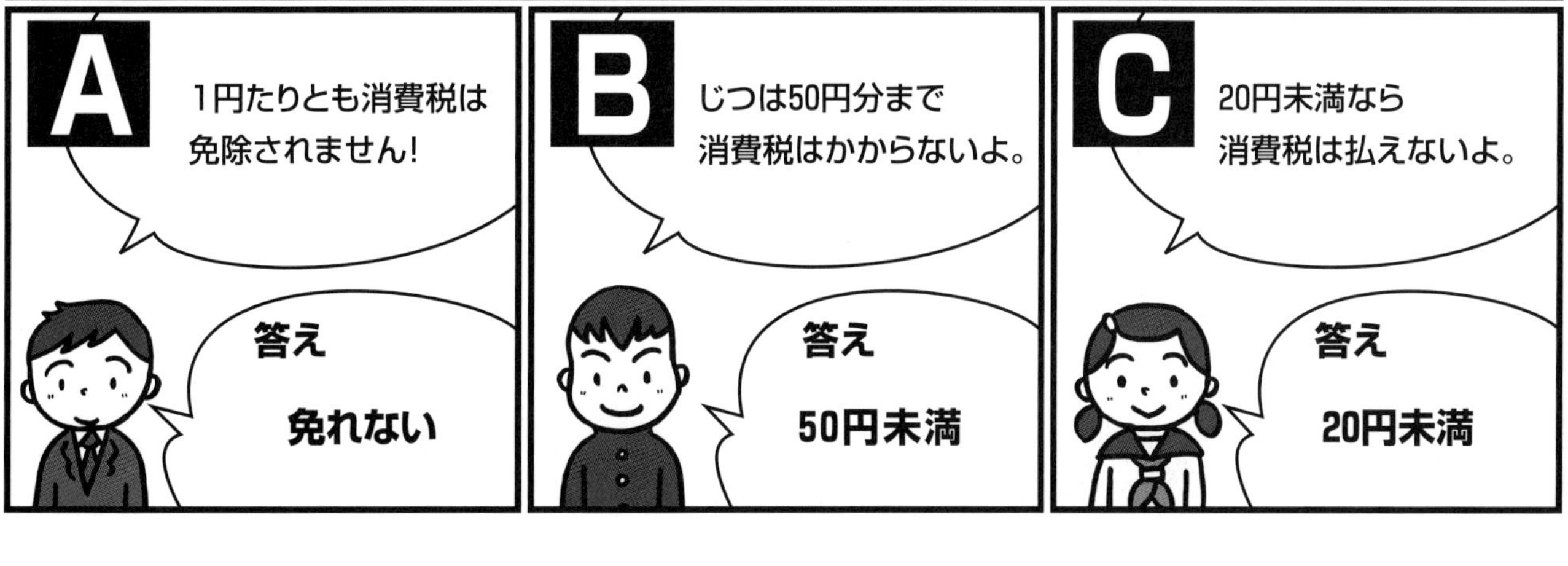
A
1円たりとも消費税は免除されません!
答え 免れない
B
じつは50円分まで消費税はかからないよ。
答え 50円未満
C
20円未満なら消費税は払えないよ。
答え 20円未満

みんなの数学広場 解答編

上級

正解は 答え **C**

正多面体は以下の5つ

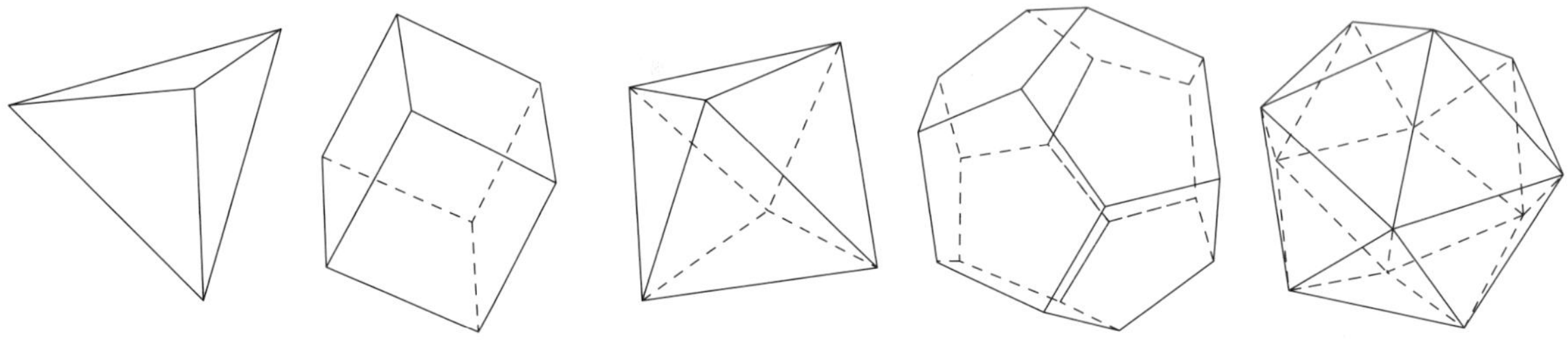

正四面体　正六面体　正八面体　正十二面体　正二十面体

このなかで球に近いのは正二十面体です。
この正二十面体の各辺を3等分した点を通るように頂点を切り落とすと、
あのサッカーボールのような立体ができます。

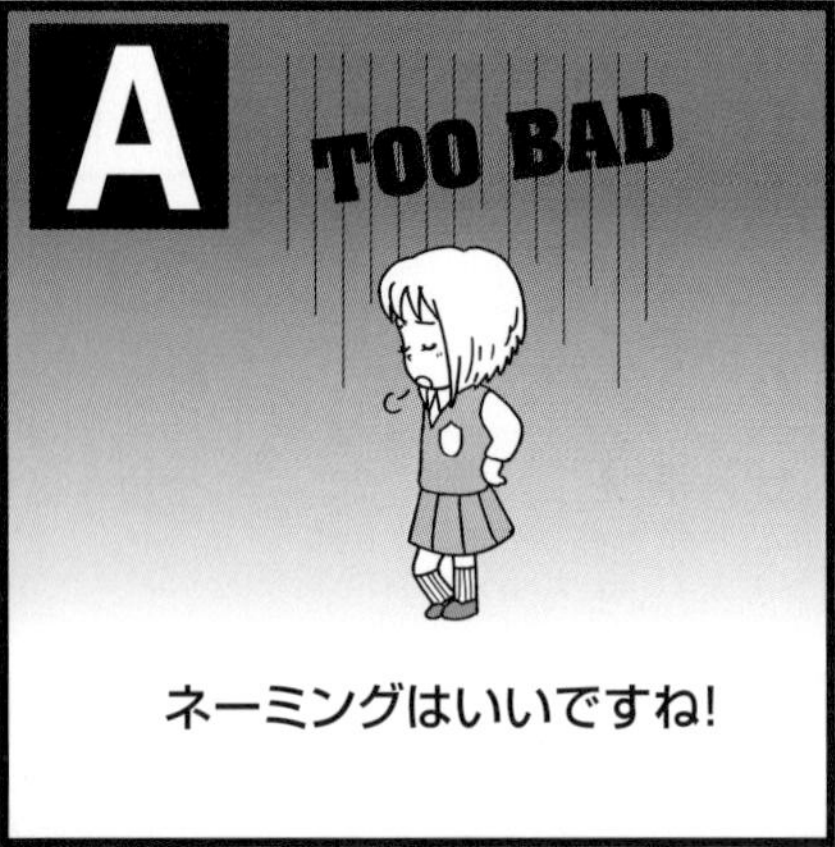
A
TOO BAD
ネーミングはいいですね!

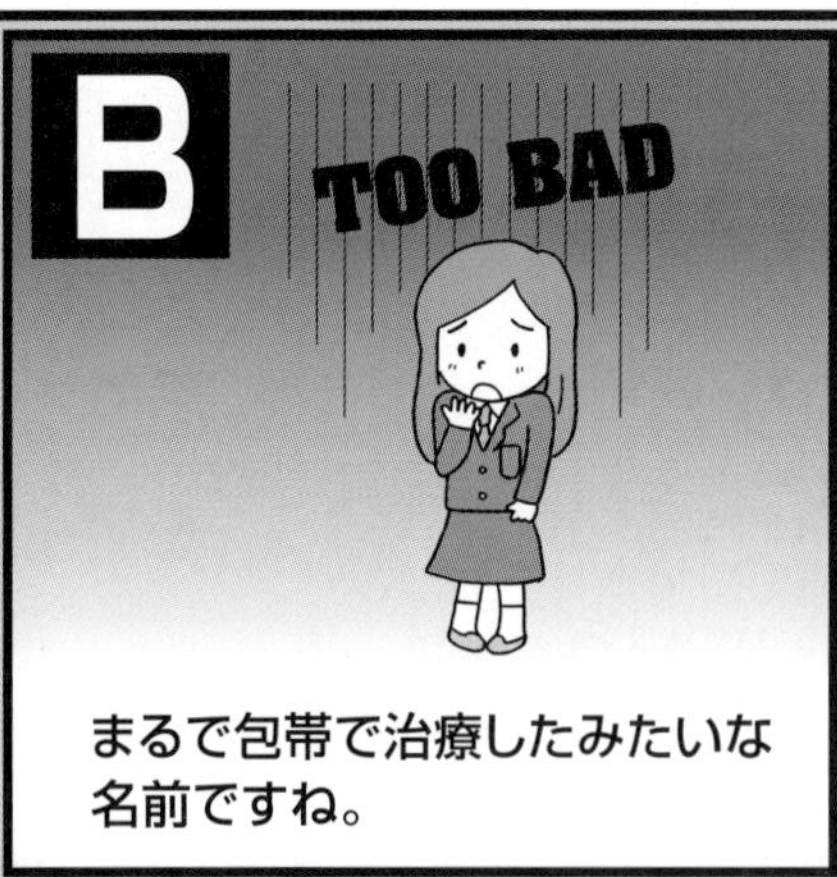
B
TOO BAD
まるで包帯で治療したみたいな
名前ですね。

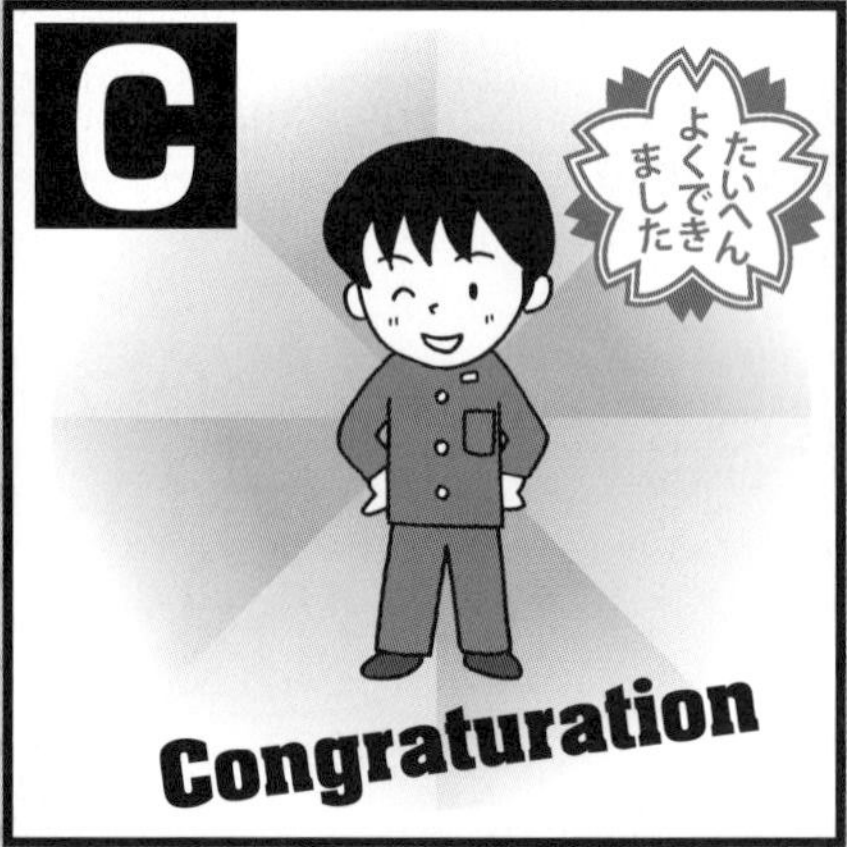
C
たいへんよくできました
Congraturation

中級

正解は　答え **A**

「立方体の祭壇を2倍の大きさに」
これはどういう意味でしょうか。
体積が2倍という意味です。
したがって、相似比の3乗が体積比ですから
2^3=8倍もの祭壇を作ってしまったことになります。
なので、各辺を1.26倍することで
体積は1.26^3=1.26×1.26×1.26≒2倍になります。

1.41^3≒2.8倍ですね。惜しい。

3.14^3≒9.42倍です！
円周率は関係ありませんよ。

初級

正解は　答え **C**

品物が「20円未満」つまり19円のとき、
消費税は19×0.05=0.95円<1円なので
支払う硬貨がありません。
品物が20円のときは、20×0.05=1円ですので
総額で21円になります。
ちなみに消費税は小数点以下を切り捨てます。
19円の品物を2個買うと消費税はかかりますよ。

そうなのですが、1円未満は
支払えないんです。

そんな法律はありません！

立教大学

観光学部
交流文化学科４年

小御門（こみかど） 緑（みどり）さん

先輩に聞け！
大学ナビゲーター

台湾留学で語学を学び台湾の文化を満喫

観光をフィールドに多くのことが学べる観光学部

——立教大の観光学部を受験したきっかけを教えてください。

「高1で立教大のオープンキャンパスに行ったときから、立教大に行きたいと思っていました。小さいころからよく旅行をしていて、旅行が好きだったので、学問として観光について学んでみたいと思ったんです。

また、小学生のころ台湾に住んでいたことがあったのですが、中国語はまったく話せなかったので、大学では中国語を勉強しようと思っていました。観光学部では『観光』をキーワードに、いろいろなことが学べるので、中国語だけに特化せず世界のことを知りたいと思い観光学部に決めました。」

——観光学部に入ってみてどうですか。

「旅行が好きな人がたくさんいます。学生と教授との距離も近くてアットホームな雰囲気です。観光というフィールドで、心理学や社会学などさまざまなことを学ぶことができます。突き詰めていけば、自分のやりたいことができる可能性は無限大にある学部です。

私は所属する交流文化学科で、おもに異文化について学んでいます。

1年次には少人数のグループでフィールドワークに行く『早期体験プログラム』もあり、普段はなかなか行かないような北朝鮮と韓国の国境あたりにも行きます。」

——小御門さんはどこの国に行ったのですか。

「鳥インフルエンザの影響で、私の学年はその講義では外国に行けなかったのですが、大学の交換留学制度を利用して2年生の夏から台湾に1年間留学しました。

半年間は語学学校に通って中国語の勉強をしました。後半の半年は、台湾でもとても優秀な国立政治大学というところで、実際に現地の学生といっしょに大学

台湾留学中に武徳宮というお寺で

旅行で京都に行ったときの舞子体験

1 アルバイトについて

成田空港の免税店でアルバイトをしています。中国語が話せるので、日本を観光してきた外国人の人たちともコミュニケーションを取れるのが楽しいです。

中国語だけでなく、自分が旅行に行ったときに覚えた現地のあいさつや簡単な言葉でお客さんに話しかけると喜んでくれます。

2 観光学部のおもしろい授業

ディズニーランドについての講義があり、ディズニーランドをいろいろな視点から考えました。

「魅力はなにか」、「どうして集客率をあげられているのか」などを、参考文献を読んだり、グループディスカッションで討論します。2～4年生までいるので、さまざまな意見が聞けました。

3 得意科目は英語

いろいろな人と話せるから英語が好きです。洋楽も昔からよく聞いていて、よく自分で歌詞カードを見ながら翻訳もしていました。

英語は単語がわかればわかるほど長文が読めるので、単語と語彙（ごい）を頑張って覚えていました。ひたすら単語をノートに書いて、その単語が出てきた例文ごと覚えてしまうんです。そうすると、あとで単語を見たときに例文まで連想できるようになってよかったです。

4 数学の苦手克服勉強法

数学が本当に苦手でした。克服するために、できなかった問題は問題から回答の仕方までまるごとノートに写して覚えていました。ほぼ丸暗記です。

でも、そうすることで次第に問題のパターンが見えてきて、似たような問題が出たときには、「あのときのパターンと同じだ」と解けるようになりました。とにかくいろいろな問題を解いて、そのパターンに慣れるように心がけました。

の講義を受けました。学生のレベルも高くてついていくのが大変でしたが、行ったからにはたくさん勉強しようと必死でした。そのおかげで中国語でコミュニケーションがとれるようになったし、現地の人ともすごく仲よくなって、自分が以前住んでいたときとはまた違う一面が見られてとても貴重な経験になりました。」

――台湾のどのようなところが好きですか。

「人と人との距離が近くてあたたかいところです。卒業研究でも台湾の観光地について研究します。台北市の山のうえに猫空（マオコン）という観光地があって、そこのお茶カフェがいま人気なんです。台湾では若い人がアルコールを飲む文化がなく、みんなでお茶を飲みます。だから台湾のお茶について研究すると、台湾の文化をもっと理解できるのではないかと思います。アンケート調査と、台湾の観光ガイドで猫空がどのように紹介されているかなどを調べるために、もう1度台湾に行く予定です。」

部活動での経験を活かし立教大に合格

――大学受験はどうでしたか。

「高校では応援団とテニス部を兼部していて忙しかったので、初めは勉強が思うようにできていませんでした。テニス部は弱小でしたが、部活の時間以外も放課後に自主練習をくり返して、引退試合では全国大会常連校の副キャプテンに勝つことができとても感動しました。部活でこれだけ頑張れたのだから受験勉強もできる、と自分を信じて、部活を引退すると同時に受験勉強に励み、第1志望の立教大に合格しました。」

――最後に、これから高校に進学する読者にメッセージをお願いします。

「自分の志望校や夢を諦めないでください。頑張ったらだれかが見ていてくれるし、必ず自分のためになります。部活などで頑張った経験は絶対受験に活きます。私も高校のときに頑張ったからいまの自分がいると思います。」

1年次「早期体験プログラム」の様子

順天
輝いてほしい。
キミは希望の星だから！

特進選抜類型の中にSクラス(Science class)を新設します。
英語類型を英語選抜類型に改編して、教育内容を高度化します。

学校説明会

12月 1日(土) 9:00～ 埼玉・千葉 対象 13:00～ 都内・神奈川 対象

個別相談会

12月 1日(土) 10:30～ 埼玉・千葉 対象 14:30～ 都内・神奈川 対象

予約制個別相談会 ※12/12(水)予約締切

12月16日(日) 9:00～12:00、13:00～16:00

入学試験日【募集人員 男女130名 特進選抜類型・英語選抜類型・特進類型】

	推薦入試		一般入試
	推薦Ⅰ・Ⅱ	推薦Ⅲ	一般
試験日	1/22(火)	1/25(金)	2/11(月・祝)
募集定員	65名 特進選抜 30名 英語選抜 15名 特進 20名		65名 特進選抜 30名 英語選抜 15名 特進 20名
受験科目	適性検査(国・数・英) 面接		国・数・英 面接
募集コース	特進選抜類型・英語選抜類型・特進類型		
合格発表	1/23(水)	1/26(土)	2/12(火)

(推薦入試 Ⅰ 本校第1志望)
(推薦入試Ⅱ・Ⅲ 本校第2志望 ＊埼玉・千葉公立生のみ対象)

順天高等学校

王子キャンパス(京浜東北線・南北線 王子駅・徒歩3分) 新田キャンパス(体育館・武道館・研修館・メモリアルホール・グラウンド)
東京都北区王子本町1-17-13 TEL.03-3908-2966 http://www.junten.ed.jp/

ミステリーハンターQの
歴男歴女養成講座

ミステリーハンターQ
(略してMQ)

米テキサス州出身。某有名エジプト学者の弟子。1980年代より気鋭の考古学者として注目されつつあるが本名はだれも知らない。日本の歴史について探る画期的な著書『歴史を掘る』の発刊準備を進めている。

山本 勇

中学３年生。幼稚園のころにテレビの大河ドラマを見て、歴史にはまる。将来は大河ドラマに出たいと思っている。あこがれは織田信長。最近のマイブームは仏像鑑賞。好きな芸能人はみうらじゅん。

春日 静

中学１年生。カバンのなかにはつねに、読みかけの歴史小説が入っている根っからの歴女。あこがれは坂本龍馬。特技は年号の暗記のための語呂合わせを作ること。好きな芸能人は福山雅治。

ソ連崩壊

ソビエト社会主義共和国連邦、通称ソ連が解体したのは1991年。初の社会主義国の建国と崩壊までの歴史の流れをチェックしよう。

勇 お父さんから、昔、ソ連という国があったと聞いたけど、ソ連はなんでなくなったの?

MQ ロシアはヨーロッパからアジアにまたがる大きな帝国だったけど、１９１７年に革命が起こって、１９２２年にソビエト社会主義共和国連邦が成立したんだ。

静 ソ連のことね。社会主義だったんだ。

MQ うん。ソビエトとは「会議」という意味で、世界で初めて社会主義国として建国されたんだ。

勇 なぜ崩壊したの。

MQ ソ連は第二次世界大戦に勝利した後、アメリカと世界を二分する大国になったんだ。ソ連とアメリカはにらみあいを続け、宇宙開発や低開発国への援助など、ことごとく対立したんだ。

静 東西冷戦っていうのよね。

MQ そう。だけど、ソ連は経済政策が行き詰まり、軍事面でもアメリカの、宇宙を利用したスターウォーズ計画に押されて、劣勢に立たされてしまった。

勇 社会主義体制では経済がもたなくなったのかな。

MQ １９８５年にソ連のトップである共産党書記長に就任したゴルバチョフは、ペレストロイカと呼ばれる改革政策とグラスノスチと呼ばれる情報公開を実行したけど、自由と民主主義を求める東欧諸国が相次いで社会主義体制から離脱、ソ連の一角だったバルト三国やウクライナも独立を達成、ゴルバチョフは共産党の廃止を決定したんだ。

静 社会主義をやめたってこと?

MQ そうだね。１９９０年、ゴルバチョフはソ連を大統領制にして、最初の大統領になったけど、最後の大統領にもなってしまった。翌１９９１年、ソ連に代わるものとして独立国家共同体(ＣＩＳ)が設立されたけど、ついに行き詰まって、１９９１年12月にゴルバチョフはソ連の解体を決定、同時にソ連の大統領を辞任して、ソ連は姿を消したんだ。

静 ゴルバチョフはどうしたの。

MQ その後は政治の舞台には立たなくなったけど、１９９０年にはソ連の民主化を推進したとして、ノーベル平和賞を受賞している。ソ連が崩壊したことで、アメリカによる一極支配が強まり、それに反発する中東の国々などで反米感情が高まったり、民族紛争や宗教対立が顕著になるなど、混乱もみられた。逆にロシアではさまざまな自由が認められるなどの民主化も前進したんだ。

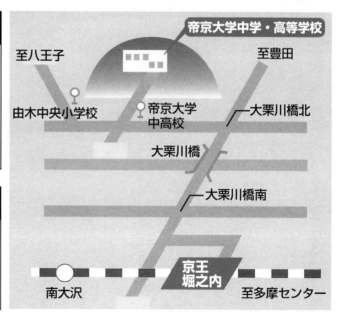

教えて！マナビー先生

プロフィール

日本の某大学院を卒業後海外で研究者として働いていたが、和食が恋しくなり帰国。しかし科学に関する本を読んでいると食事をすることすら忘れてしまうという、自他ともに認める"科学オタク"。

世界の先端技術

ｉＰＳ細胞

難病に苦しむすべての人々に寄与できる功績

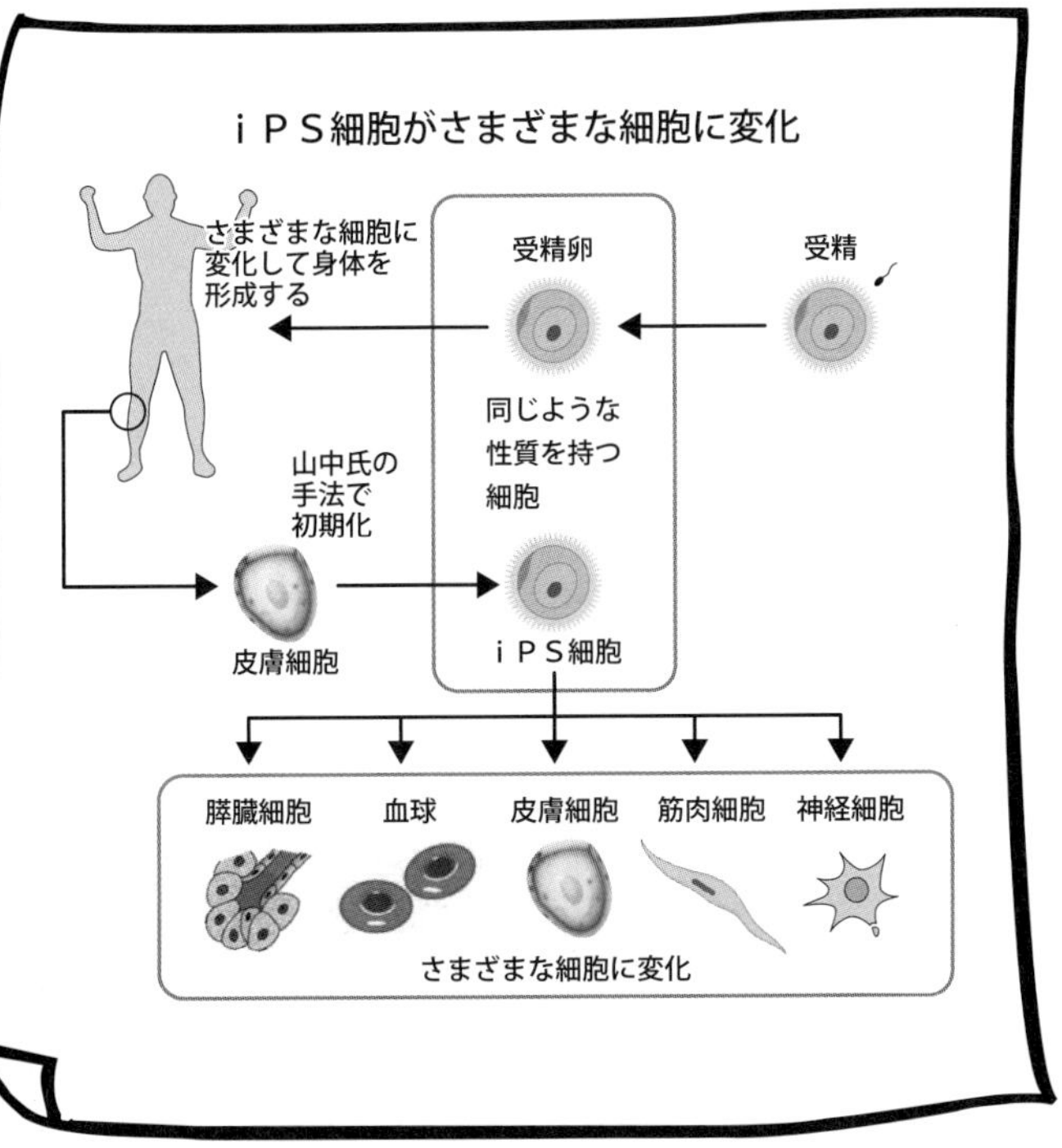

京都大学の山中伸弥教授と英国のジョン・ガードン博士の「iPS細胞に関する研究」が認められ、ノーベル賞を受賞することになったという、うれしいニュースを聞いていると思う。ところで「iPS細胞」とはどんなものなのだろうか。そして、「iPS細胞」ってどうしてこんな名前がついたのだろうか。

生物の身体は、１個の受精卵が分裂し、いろいろな臓器に変化して形作られている。本当に不思議だ。このようにあらゆる細胞に変化できる可能性を持った細胞を作れば、その細胞を使っていろいろな臓器を作ったりすることができるのではないかと考えられている。

一番先に考えられたのは、受精卵のなかにある細胞を持ってきてしまえばよいのではないかというものだった。分裂、変化して成長する元なんだからね。これがES細胞だ。このES細胞は受精卵を使用するため、そこでは、どうしても生命の誕生という倫理的な問題が生じる。

さて、DNAという言葉は聞いたことがあるよね。皮膚の細胞にも、身体中のどの細胞にもDNAは存在している。手の皮膚になった細胞は日々手の皮膚として増殖する。決してほかの細胞になることはない。これはDNAの一部分だけが活性化するようにDNAマスクがかかったような状態になっているからだ。ガードン博士は別の部位から持ってきた細胞を使い、同じ遺伝子のオタマジャクシを誕生させ、基本的にすべての細胞にES細胞のような能力が残っていることを示した。

山中教授はこのマスクを取り去って、受精卵の初期にあるような細胞を作り出す「初期化」に成功したのだ。それがiPS細胞だ。

iPSという言葉はInduced Pluripotent Stem cellsからきている。

Pluripotentとは多機能、多様性という意味だ。Inducedは誘発する、人工的に起こすという意味で、人工的に多機能になるように加工した細胞ということだね。手や足の皮膚細胞のような一般細胞を加工して得られるので倫理的な問題もなく、大量に作ることができるようになった。

難病に苦しむ人を助けたいという願いから取り組んできた山中教授。いま、世界各地でiPS細胞を使って新しい薬の研究や治療方法の研究が進められている。

特別進学類型

国公立・難関私立大学に現役合格することを目標にカリキュラムを組んだ類型です。将来の進路を明確に抱き、高い学習意欲を持った生徒に対応するべく、週4日7時間授業を実施。2年次からは進学大学の学科を想定し、文系・理系いずれかを選択。3年次に入ると志望校に向けた科目選択制となり、目標に的を絞った密度の高い学習内容で、大学合格を確実なものにします。その他、手厚い進学プログラムを用意し、3年間で万全な体制を築いていきます。

主な進学先 [国立]**東工・電通・千葉**など [私立]**早稲田・東京理科**など

大学進学率 84.6% 現役合格率 89.7%

選抜進学類型

難関私立大学への現役合格を主な目標にカリキュラムを組んだ類型です。週4日の7時間授業をはじめ、私立受験に照準を合わせ、授業や科目選択の自由度を設定しています。数学・英語は習熟度別の授業を行うことで理解を確実なものにします。2年次からは進学先を想定し、文系・理系別の授業を選択。大学や学部に求められる学力を構築。また、通常の授業に加えて、進学プログラムを活用することで難関校の突破を図ります。

主な進学先 **中央・法政・獨協・成蹊・武蔵・明治学院・芝浦工**など

大学進学率 81.1% 現役合格率 87.8%

普通進学類型

生徒一人ひとりの進路先に対応できるよう、柔軟性を持ったカリキュラムで構成される類型です。得意科目を伸ばすことと、苦手科目を確実に克服することに重点を置き、将来の進路先が明確でない生徒でも、習熟度によって可能性を広げながら進路先を確実なものにしていきます。2年次からは文系・理系のクラスに分かれて高度な目標を設定。その他、希望制による夏期・冬期の進学講座や、進学プログラムなどによって、3年間の努力が確実に実を結びます。

主な進学先 **青山学院・法政・武蔵・成城・獨協・日本・東洋・駒澤**など

大学進学希望者の大学進学率 89.8% 現役合格率 93.0%

文理進学類型

単なる大学進学に必要な学力だけでなく、その先の社会を生き抜くための人間力をも育てることに主眼を置いたカリキュラムです。一般教科は公立高校の普通科よりも授業数を多く設定し、加えて本校独自の学校設定科目を組み入れています。2年次からは文系科目に比重を置いたII類と、理系科目を充実させたI類に分かれ、受験への対応力を高めます。学校設定科目では、体験型、探求型の授業を行い、最適な学部選定や将来のキャリアデザインの支援も行っています。

主な進学先 **獨協・日本・東洋・大東文化・亜細亜・帝京・東京電機**など

大学進学希望者の大学進学率 93.8% 現役合格率 95.4%

学校説明会・個別相談
（生徒・保護者対象）

① 校舎・施設見学 ② 全体会

11月17日〔土〕	①14:00	②14:30
11月23日〔祝・金〕	① 9:30	②10:00
12月 1日〔土〕	①14:00	②14:30

※全体会終了後、希望制で個別相談を行います。
※事前の予約は必要ありません。
※当日は上履きをご持参ください。

TOSHIMA GAKUIN

学校法人 豊昭学園
豊島学院高等学校
併設/東京交通短期大学・昭和鉄道高等学校

特別進学類型 選抜進学類型 普通進学類型 文理進学類型

〒170-0011 東京都豊島区池袋本町2-10-1 TEL.03-3988-5511(代表)
最寄駅：池袋／JR・西武池袋線・丸ノ内線・有楽町線 徒歩15分 副都心線 C6出口 徒歩12分
北池袋／東武東上線 徒歩7分 板橋区役所前／都営三田線 徒歩15分

http://www.hosho.ac.jp/toshima.htm

頭をよくする健康

by FUMIYO
ナースでありママでありいつも元気なFUMIYOがみなさんを元気にします!

今月のテーマ 入浴

Hello！ FUMIYOです。朝晩はだいぶ冷え込んできましたね。朝はベッドからなかなか出られず、夜は温かいお風呂タイムが待ち遠しい季節になって参りました。

ゆっくり音楽を聴きながらお風呂に入りたいな～と思っていても、試験が近づいてくると「のんびりお風呂になんて入っていられない！」とお風呂に入る時間も、惜しくなったりするよね。でも効果的な入浴をすると、いい睡眠がとれ、記憶力を高めることができるんですよ。

と言うことで、今月のテーマは「入浴」です。お風呂に入ったときに、「はぁ～」と身体のなかの空気を、すべて吐き出したかのような大きな深呼吸をしたことってあるでしょ。じつはこの「はぁ～」と身体の力が抜ける感じこそ、身体がリラックスしているときなのです。

ですから、お風呂に入ったら、息といっしょに心身の疲れを全部吐き出し、ストレスを解消しましょう。そして、ゆっくりお湯につかることで、身体の芯までポカポカに温まり、全身の血流がよくなります。もちろん、脳への血流もよくなりますので、脳がしっかり働くために必要な栄養と酸素も、十分に届けることができます。

さて、日本だけではなく、世界中で睡眠が記憶と認知能力を高めることはよく知られています。最近では、「眠りつつ学習することを可能にする」という研究もされているそうです。英語のCDを流したまま、眠ってしまったことがある人がいるかもしれませんが、その間に単語を覚えることができたら、まさに夢のようですね！

では、どのように入浴するといい睡眠につなげられるでしょうか。

入浴すると身体が温まりますが、脳が眠りモードに入るためには、体内の深部体温（脳や内臓の体温）が下がっている必要があります。質の高い睡眠をとるには、入浴によりあがった体温が下がってから就寝することが大切です。ですから、ぬるめのお湯にゆっくりつかったあとは、30分～１時間後に就寝するといいそうです。熱めのお湯がお好みの方は、就寝時間の２～３時間前に入浴することをお勧めします。

入浴後に注意しなければいけないのは、湯冷めです。さっとシャワーでお風呂を済ませてしまったときは、身体の深部が温まっていないので、気化熱によって身体の表面がすぐ冷えてしまいます。またポカポカに温まって、入浴後、汗をかいているときも湯冷めをしやすいので注意しましょうね。

リラックス効果のある入浴剤やアロマオイルなどを使って、ホッとできるひとときを過ごし、明日への勉強の活力にしましょう！

Q1 入浴の際のぬるめのお湯とは、何度くらいでしょう。

①34～36℃ ②37～39℃ ③40～42℃

正解は②の37～39℃です。

暑い季節は気持ちいいと感じる温度だと思いますが、これからの季節はぬるいと感じるかもしれません。入浴の際には浴室を温めて入るなどして、風邪を引かないように気を付けましょう。ぬるめのお湯に20分ほど入ると、副交感神経が優位になり、身体がリラックスします。

Q2 入浴時間がとれないときに、足を温めることで入浴したときと同じような効果が得られると言われています。このときのお湯の適温は何度でしょう。

①37～39℃ ②40～42℃ ③43～44℃

正解は②の40～42℃です。

眠る準備のため、身体は手足の血管を広げて手足を温かくし、体温を逃して身体の深部体温を下げていると考えられています。足を温めることで、この状態を意図的に作り出すことができます。くるぶしあたりまで温かなお湯につけ、10分程度、ゆったりとした時間を過ごしましょう。

草木は光を浴びて育ち、
人は言葉を浴びて育つ
私立男子
特別進学クラス
大進選抜クラス
大学進学クラス
保善高等学校
写真:保善高等学校正門付近 校木 けやき
情報満載!!"ホームページ"
ozen.ed.jp
169-0072 東京都新宿区大久保三丁目6番2号
受験相談 フリーダイヤル
入試広報部
走れ高校見に!!
0120-845532
学校説明会・施設見学会(10:00開会)
11/24(土) 12/1(土) 12/8(土)
個別受験相談会(10:00~15:00)
11/17(土) 12/2(日) 12/9(日) 12/22(土)
思ったより近い! 抜群のアクセス!
高田馬場駅より徒歩8分
西早稲田駅より徒歩7分
(2012年度 東急東横線と副都心線の相互直通運転開始予定)

第34回

あれも日本語　これも日本語

月のいろいろな呼び方 上

1月から12月まで12の月があるけど、月には別名があるんだ。本来は旧暦の月につけられたものだけど、現在では新暦の月にも使われているよ。

1月は「睦月」。

「睦」の字には「仲良くする」という意味がある。年の初めに一族が集まって仲良く過ごすことからついたともいわれる。「正月」ともいうことは知っているよね。

ほかに「元月」「嘉月」「祝月」なんて言い方もある。

2月は「如月」。

「如月」の字は中国での2月の別名をそのまま用いているもので、漢字に特別な意味はない。でも読みは「着て更に着る」という意味。1年で一番寒い時期だから、「着て更に着る月」というわけだ。感じが出ているね。

別に「令月」「初花月」「梅見月」という言い方もある。

3月は「弥生」。

元々は「いやおい」とする説もある。「弥」は「ますます」、「生」は「成長する」という意味だ。暖かくなって、草木が一気に成長するところから名づけられたんだね。ほかには「花月」「桃月」「桜月」なんていうのもある。人々が春の開花を待ちわびている様子が伝わってくるね。

4月は「卯月」。

「卯の花」が咲く月なので「卯月」となったという説が有力だけど、「卯月に咲くから卯の花になった」という説もあり、どちらが先かわからない。干支でいうと「卯」は4番目だから、4月の別名になったという説もある。「陰月」「乾月」「植月」などともいわれる。

5月は「皐月」。

「五月」と書いて「さつき」とも読む。旧暦の5月は現在の梅雨の季節で、「五月雨」は本来、梅雨のことなんだよ。

別に「雨月」「菖蒲月」などというい方もある。

6月は「水無月」。

旧暦の6月は、梅雨明けで水不足が深刻になる季節だからという説もあるが、「無」の「な」は「の」の意味で、「水の月」とする説が有力だ。「水月」「風待月」という異名もある。

7月から12月は次号で紹介しよう。

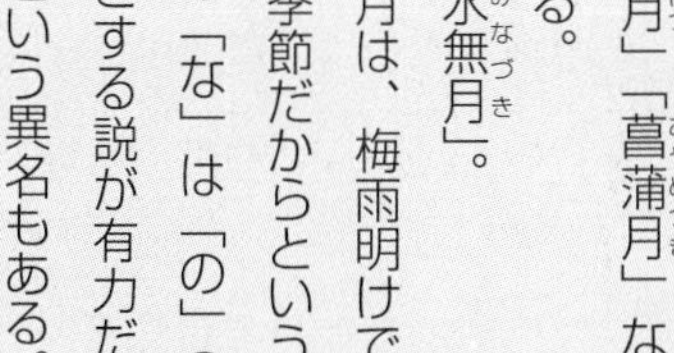

世界の星を育てます

エクストラスタディで応用力養成・弱点克服します。
また、英語の多読多聴を導入し英語の力を伸ばしています。

―図書室―

学校説明会

第3回 11月17日（土）
15:00～
［生徒が作る説明会］

第4回 11月25日（日）
10:00～
［卒業生ディスカッション］

第5回 12月 2日（日）
10:00～
［入試出題傾向・問題解説］

※予約不要

学校見学

月～金　9：00～16：00
土　9：00～14：00
日曜・祝日はお休みです。
事前にご予約のうえ
ご来校ください。

入試概要

推薦入試
募　集　男女約75名
試験日　1月22日(火)
発表日　1月22日(火)

一般入試
第1回
募　集　男女約65名
試験日　2月10日(日)
発表日　2月11日(月)

第2回
募　集　男女約10名
試験日　2月12日(火)
発表日　2月13日(水)

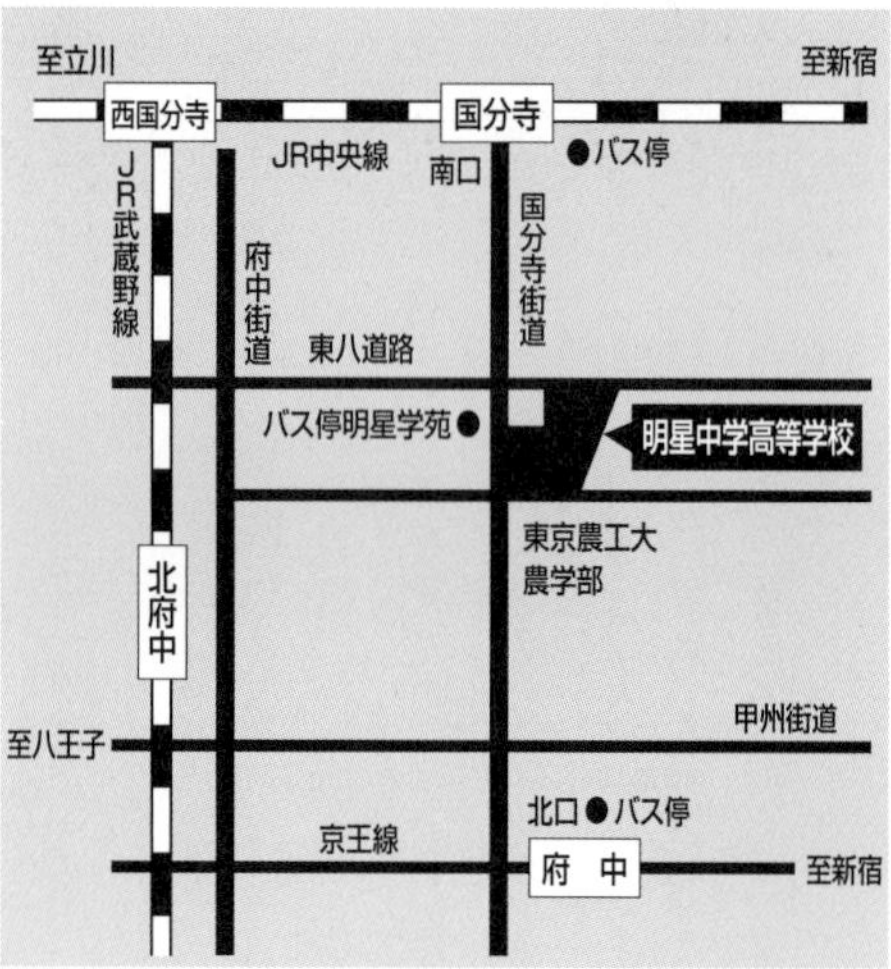

ご予約、お問い合わせは入学広報室まで　TEL.FAX.メールで どうぞ

明星高等学校

MEISEI

〒183-8531　東京都府中市栄町１－１　入学広報室
TEL 042-368-5201（直通）　FAX 042-368-5872（直通）
（ホームページ）　http://www.meisei.ac.jp/hs/
（E-mail）　pass@pr.meisei.ac.jp

交通／京王線「府中駅」
ＪＲ中央線／西武線「国分寺駅」 ］より徒歩約 20 分 または バス（両駅とも 2 番乗場）約 7 分「明星学苑」下車
ＪＲ武蔵野線「北府中駅」より徒歩約15分

サクニュー!!

ニュースを入手しろ!!

産経新聞
編集委員 大野敏明

今月のキーワード

シェールオイル

検索

大手石油開発会社の石油資源開発は、10月、採掘を行っていた秋田県由利本荘市の「鮎川油ガス田」からシェールオイルが採掘されたと発表しました。シェールオイルの採掘は日本では初めてのことです。

シェールオイルとは、地下にある「頁岩（けつがん）」と呼ばれる泥岩層に染み込んでいる石油のことです。アメリカなど、海外ではシェールオイルの採掘が盛んに行われていますが、日本では技術的な問題で採掘が遅れていて、ほとんど手つかずの状態でした。

しかし、国際的に原油価格が高騰、採掘技術も向上したことから、同油ガス田で試掘を行っていました。

同社は水で薄めた塩酸などを、地下約1800mの頁岩の岩盤の割れ目に注入して石灰などを溶かし、塩酸とシェールオイルを回収して、シェールオイルの成分だけを抽出することに成功しました。

日本は世界有数の石油消費国で、毎年約2億1500万kℓを輸入しています。自前でまかなえるエネルギーは水力発電だけで、エネルギー自給率はわずか4%に過ぎません。また、東京電力福島第一原子力発電所の事故の影響で、国内の原子力発電所は、ほとんどが停止したままです。こうしたことから、資源開発の必要性が叫ばれていました。

今回採掘した鮎川油ガス田の埋蔵量は約80万kℓで、日本の原油消費量の約1.4日分ですが、同油ガス田以外にも北海道、秋田県、新潟県、千葉県などにも油ガス田があり、今後の採掘の成果が期待されています。

石油以外にもシェールガスやメタンハイドレートの存在も確認されています。とくに、天然ガスが海底の地層に堆積したメタンハイドレートは、愛知県沖に国内消費量の13年分以上が埋蔵されていることが確認されています。日本海近海には100年分が埋蔵されているとも言われており、確認と開発が急務となっています。

秋田県の鮎川油ガス田で採取された「シェールオイル」
写真提供:共同通信社

日本は資源小国と言われ、これまで石油、天然ガスなどのエネルギーは輸入に頼ってきましたが、近年の探査技術や開発技術の進歩で、日本列島周辺には多くの地底、海底資源があることが明らかになりつつあり、これらの開発が着手されれば、日本はエネルギーを輸出できるレベルになる可能性もあります。

そうなれば、不安定な中東情勢や輸入ルートの安全確保に頭を悩ます必要もなく、自給率をあげて、経済成長につなげることができるようになります。

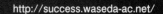

第1期生が入学

グローバルな探究力を育て、東大など最難関国立大を目指す

『S特コース』始動！

入学者全員 入学金 施設設備費 1年次の授業料 全額免除

「グローバル社会への貢献を生きがいにする人材の育成」を掲げて、2012年度よりコースを再編し、第1期生を迎えて新体制が始動した安田学園。新たな3コースの中でも、**入学金・施設設備費と3年間の授業料が全額免除される「S特コース」**に大きな注目が集まっています。グローバルな探究力を育て、東大などの最難関国立大への合格を目標にした同コースでは、それを実現するためにさまざまな新たな学びが展開されています。

「学習探究合宿」の様子

一人ひとりの学び方を確立する「学習法探究合宿」

高校生として、「自ら考え学ぶ」学習法を習得することを目的として実施される合宿です。入学前の「事前説明会」でレクチャーされた学習法ができているかを入学直後の「学習法探究合宿①」で確認します。4～5名の生徒に対して、5教科の授業担当者全員がマンツーマンで学習の様子を確認し、一人ひとりにアドバイスを与えていきます。1学期中間試験後に行われる「学習法探究合宿②」では、試験の結果からどのように弱点を分析し、次回の試験につなげていくのかを体感していきます。

必ず理由を言わせる「授業」

S特コースで行われる授業に共通するのが、生徒が答えるときに必ず「理由」を言わせることです。「なぜ自分はそう考えるのか」を常に反復的に考え続けることによって、論理的に根拠を持って考え実現する力を養うことができます。これは、将来社会において求められる「創造的学力」の素地となる「論理的思考力」や「複眼的・批判的思考力」の育成にもつながっていきます。

●学習法の習得に向けた取り組み(1学年1学期)

1. 入学前　事前全体説明会
   高校生としての学習法などを伝達
2. 入学直後　学習法探究合宿①
   個々人の学習法の確認と指導
3. 中間試験後　学習法探究合宿②
   学習法の定着度をコース全体で確認

安田学園高等学校

〒130-8615　東京都墨田区横網2-2-25
03-3624-2666　入試広報室直通▶0120-501-528
●JR両国駅西口徒歩6分
●都営地下鉄大江戸線両国駅A1口徒歩3分

学校説明会

11/17(土)　14:30
12/ 1(土)　14:30
12/ 8(土)　14:30

今月の1冊

サクセス書評

12月号

『弱くても勝てます
開成高校野球部のセオリー』

著／髙橋 秀実
刊行／新潮社
価格／1300円＋税

『弱くても勝てます―開成高校野球部のセオリー』

エラー続出でも勝つときは勝つ 不思議な野球部の不思議な戦い方

超進学校の開成高等学校。その硬式野球部に密着したのが、この『弱くても勝てます』だ。

練習は週1回。しかも定期テストの時期が近づけば、タイミングによっては約1カ月練習がなくなる日もある。普通に考えればこれで強くなるはずがないのだが、平成17年度の全国高校野球選手権大会・東東京予選でベスト16まで勝ち進み、最後は強豪の国士舘高校に惜敗。そのうえ、国士舘高校がそのまま優勝を遂げているのだから驚かされるよね。

こうした不思議な結果が気になった著者が取材を重ねてみてわかったのが、開成の選手は「ヘタ」だということ。そして、それをむしろ逆手にとって勝利に結びつける材料の1つにしているということだった。

数少ない練習に足繁く通い、青木監督だけではなく多くの選手からも話を聞く筆者。そこで浮かびあがるのは、いわゆる高校野球のセオリーにまるで当てはまらない考え方、戦い方だ。

例えば、ポジションの決め方。野球では大きく分けると投手、内野手、外野手に分けることができるのだが、開成のポジション選考基準は

・ピッチャー／投げ方が安定している
・内野手／そこそこ投げ方が安定している
・外野手／それ以外

だけだそうだ。

理由について青木監督は「勝負以前に失礼があってはいけないと思うんです」「球がストライクゾーンに入らないとゲームになりませんから、それは相手に対して失礼なんです」と語る。

言われてみれば確かにそうなのだが、そのレベルのチームがときに何回か勝ちあがることがあるのだから不思議だ。

全編を通じて、筆者と青木監督、選手との禅問答のようなやり取りがあって、これは野球について書かれているのかなんなのかわからなくなってくるが、筆者の開成野球部への愛情がよく伝わってきて、最後は読んでいるこちらまで彼らのファンになってしまうような1冊だ。

SUCCESS
CINEMA

サクセスシネマ vol.34

ロマンティックな映画でメリー・クリスマス!!

大停電の夜に

2005年/日本/アスミック・エースエンタテインメント/監督:源孝志/

「TCE Blu-ray SELECTION 大停電の夜に Blu-ray スペシャル・エディション」発売中 3,990円(税込み)
発売元:アスミック　販売元:TCエンタテインメント

もしも東京に大停電が起きたら

「クリスマスの夜、東京で大停電が起きた」というのがこの映画の設定です。

といっても、停電にまつわる大混乱を描いているのではなく、その逆で、光と音を失い、真っ暗闇に包まれた東京の静かな一夜と、そのなかで繰り広げられるさまざまな人間模様を描いています。

余命わずかの老人の告白。乳がんの手術を翌日に控えた若い女性。停電の夜に生まれた命。出産に立ち会った見知らぬ男たち。そして、かつての恋人を待ち続けるバーの店主ー。他人同士ですが、暗闇を共有することで奇妙な一体感が生まれます。不思議なもので、闇は人々の怒りや荒ぶる気持ちを抑え、喧騒の毎日で見落としていた大切ななにかに気付かせてくれます。

全編を通じて、照明はすべてロウソクのほのかな明かりのみ。光輝くきらびやかなクリスマスもよいですが、闇に包まれた、静かなクリスマスも素敵です。主演の豊川悦司をはじめ、原田知世、吉川晃司、井川遥、宇津井健など、豪華なキャストが暗闇のなかで光を放ちます。

もし、クリスマスの夜に大停電になったら、あなたはどうしますか？

セレンディピティ
～恋人たちのニューヨーク～

2001年/アメリカ/ミラマックス・アミューズピクチャーズ/監督:ピーター・チェルソム

「セレンディピティ」DVD発売中 3,990円(税込み)
発売元:ショウゲート
販売元:アミューズソフトエンタテインメント

「セレンディピティ」の意味とは？

映画のタイトルにもなっている「セレンディピティ」とは、「偶然から幸運を導く力」という意味です。

クリスマス前の買い物客でごった返すデパート。そんななか、ジョナサンとサラは同時に同じ手袋を手に取ったことがキッカケで、とある喫茶店でお茶を飲むことになります。2人はすぐに引かれあうものの、当時はお互いにガールフレンドとボーイフレンドがいたため、再会を運命に託します。そのときの喫茶店の名前が、「セレンディピティ3」でした。

はたして、2人は再び出会い、結ばれることができるのでしょうか。

お互いを探し求めながら運命の細い糸をたどっていくシーンは、歯がゆくも目が離せません。

2人を応援する友人や、周囲の人々も個性豊かに描かれており、彼らの人柄も楽しむことができます。

みなさんにはセレンディピティな体験がありますか？　だれにでも必ず1度や2度、ラッキーな偶然は巡ってきているはず。

そのチャンスをどうふくらますかは、自分次第なのです。

天使のくれた時間

2000年/アメリカ/ユニバーサル・ピクチャーズ/監督:ブレット・ラトナー

「天使のくれた時間」DVD発売中 1,500円(税込み)
発売元:ジェネオン・ユニバーサル・エンターテイメント

ウォール街での成功か家族愛か

ファンタジー＆ラブストーリーの映画です。だれにでも必ずある人生の岐路。どの道を選ぶかは自分次第ですが、でも、もしあのとき、違う道を選んでいたらどうなっていたのかー、ふと考えることはありませんか。

13年前に恋人の反対を押しきって、ロンドンへ飛び立ったジャック（＝ニコラス・ケイジ）。その後、ジャックはニューヨークのウォール街で成功を収め、何不自由ない優雅な生活を送ります。しかし、奇妙な少年に出会ったクリスマスの翌朝、ジャックは、ごく普通の家庭のベッドで目を覚まします。そして、別れた元恋人のケイトが妻となっていました。どこかちぐはぐながらも、再び愛しあうジャックとケイト。予測のつかない異色のラブストーリーは、どのような結末を迎えるのでしょうか。

成功の象徴であるウォール街の風景が、ラストシーンでは色褪せて見えるのは不思議議です。

幸せは、地位か金か、それとも家族の愛か。ケイト役を演じたティア・レオーニの、透き通るような美しさが、無償の家族愛を際立たせています。

Success Ranking
サクセスランキング

高校生に聞いた大学ブランドランキング

今回は、関東在住の高校生5403人に聞いたさまざまな項目の大学ランキングをご紹介しよう。このなかに、みんなが知っている大学はどれぐらいあるかな（すべて複数選択）。

志願したい大学

順位	大学名	区分	志願度（%）
1	明治大	私立	12.8
2	早稲田大	私立	12.2
3	日本大	私立	8.4
4	立教大	私立	7.8
5	青山学院大	私立	7.5
6	法政大	私立	7.3
7	慶應義塾大	私立	6.5
8	中央大	私立	6.3
9	東洋大	私立	6.0
10	千葉大	国立	4.9

教育方針・カリキュラムが魅力的なイメージ

順位	大学名	区分	%
1	早稲田大	私立	22.9
2	東京大	国立	21.1
3	明治大	私立	12.8
4	慶應義塾大	私立	12.5
5	筑波大	国立	11.9
6	京都大	国立	11.3
7	上智大	私立	10.7
8	法政大	私立	10.4
9	立教大	私立	8.9
10	青山学院大	私立	8.8

校風や雰囲気がよいイメージ

順位	大学名	区分	%
1	早稲田大	私立	31.5
2	明治大	私立	25.3
3	お茶の水女子大	国立	23.1
4	東京大	国立	21.7
5	青山学院大	私立	21.4
6	学習院大	私立	21.3
7	慶應義塾大	私立	21.1
8	立教大	私立	19.4
9	法政大	私立	17.1
10	京都大	国立	15.6

国際的なセンスが身につくイメージ

順位	大学名	区分	%
1	東京外国語大	国立	33.2
2	東京大	国立	24.6
3	上智大	私立	23.7
4	早稲田大	私立	20.8
5	国際基督教大	私立	18.4
6	慶應義塾大	私立	15.8
7	青山学院大	私立	14.9
8	神田外語大	私立	13.3
9	立教大	私立	13.1
10	筑波大	国立	11.6

※『進学ブランド力調査2012』より「高校生に聞いた大学ブランドランキング2012」（リクルート）

高校受験 ここが知りたい Q&A

checkしよう!

Question

塾のテストが難しくて よい点数がとれません

塾に通っているのですが、毎月行われる塾のテストが難しすぎてよい点数がとれません。学校の定期テストは、自分でも満足できる得点がとれています。難しい塾のテストに意味があるのでしょうか。

（大田区・中2・S.H）

Answer

実践力を育むテストですので 点数は気にせず前向きにとらえて

学校の定期試験できちんと得点できているというのはなによりと思います。しっかりした基礎力がついているからですね。

さて、塾での勉強ですが、一般に進学塾においては、あまり目先の学力向上だけを目標とするのではなく、将来的な伸びや本格的な思考力といったものを培うことをめざしています。そして、単なる知識や記憶で解ける問題ではなく、学習した事項を自分の頭でかみくだき、必要に応じて発展・応用できることを目標としています。

ですから、通っている進学塾でも、普段から応用力をつけていくためにテストも工夫しているのだろうと思います。そのテストでは必ずしも高得点をマークすることが求められているわけではなく、テストを通じてみなさんが勉強してくれるであろうことを考えて実施されているはずです。

高校入試においても、難関校入試問題は内容的に高度であったり、応用力が試されるような問題も少なくありません。高度で良質な問題を解いていくことで問題にも慣れ、また実践的な学力をつけることにもつながります。塾のテストは自分の弱点を発見し、それをきっかけに勉強するための材料だと前向きにとらえて臨むことをお勧めします。いまの努力が高校受験の際には、必ず大きな力となって発揮されるはずです。

受験情報

monthly topics 1

東京都立

来年度募集定員は160人増

都教育庁は10月、2013年度都立高校全日制課程１年生の募集人員を発表した。

募集学校数は173校で、前年に比べ２校減。これは、三鷹、南多摩両中等教育学校の後期課程への進学が開始し高校募集を停止するため（各４学級減）。中高一貫校の大泉、富士では附属中からの進学が始まり、それぞれ３学級ずつ減らしたが、他の18校で各１学級ずつ増やした結果、学級数は1068学級で、前年に比べ４学級増。募集人員は４万1705人で2012年度に比べ160人増となっている。

monthly topics 2

埼玉公立

受検生心得を公表

埼玉県教育委員会は10月、2013年度公立高校受検生のための「受検生心得」をホームページ上に公表した。当日の持ち物など、詳しく規定されているので目を通しておきたい。ちなみに、筆記試験会場に携行してよいものは「鉛筆、消しゴム、三角定規、コンパス、掲示機能のみの時計」。色鉛筆、蛍光ペン、ボールペンは持ち込めないので注意すること。

Column 74

Educational Column

15歳の考現学

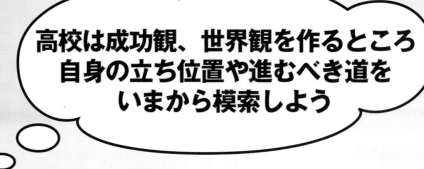

高校は成功観、世界観を作るところ 自身の立ち位置や進むべき道を いまから模索しよう

もりがみ　のぶやす
森上 展安

森上教育研究所所長。1953年、岡山県生まれ。
早稲田大学卒業。進学塾経営などを経て、1987年に「森上教育研究所」を設立。「受験」をキーワードに幅広く教育問題をあつかう。近著に『教育時論』（英潮社）や『入りやすくてお得な学校』『中学受験図鑑』（ともにダイヤモンド社）などがある。

高校では友人、先輩との横のつきあいが大切

つくづく学校の差は大きい、と思うことがあります。

ある生徒は進学校の私立中学校に入ったもののなじめなかったそうです。高校から別の附属高校に入り、短期語学留学制度があってハワイに…。そして、帰ったばかりの感想として「いろいろなことを気にしなくなった」と話された由。

それだけでは第三者にはなんのことかわからないでしょうが、彼はある時期なにごとにもとてもナーバスになっていて、周囲はそのことを心配していたのですが、むしろ本人自身がそうした心配から解放された、と言ったことで家族の方ももう大丈夫だろう、と思ったわけです。

これはおそらく附属高校の1つのよさだろうと思います。さらに言えば外国の高校生と生活をともにしてそのコミュニケーションを通じて感化されたのはもちろんでしょう。

じつは、精神年齢にもよりますが、中学に比べて高校は先生と生徒、親と子など縦の関係より友人間の横の関係の方が影響力を持つようになります。もっとも真横よりも斜め横、つまりちょっと上の先輩の影響が大きい。このちょっと上というのは大学生や、社会人でも40代手前の若手リーダーまで幅広く横にとらえられます。

さらに言えば、先ほど、先生と生徒の縦の関係と言いましたが、これも必ずしも縦ではなく、フォーマルには縦の関係でも、インフォーマルには横の関係と申しあげてもいいようなところが先生と生徒にはあって、塾の先生などは、どちらかというとこの時期は横の関係に近いことがあります。

高校生活で獲得したいのは成功観と自身の世界観

冒頭で述べた学校選びというのも、おもに学校文化を選ぶことですが、具体的には相互に影響しあって、いい影響を与えあうことが、じつは本当の目的と言えなくもありません。

ではなぜ、そうした横の人間関係を作り、影響を与えあっていくことが尊ばれるかといえば、この高校生時代が人格形成の最たる時期だからでしょう。

人格形成というとお堅いイメージですが、成功観獲得と言ってもさしつかえないでしょう。どのような将

来像を自身に重ねるか、ということですから。

成功観の元になるのが世界観ですから、言葉を変えれば世界観を作るのが高校時代です。

でも例えばそれは真っ白なキャンバスに描かれる絵のようなものか、と言うとそうではない、と思います。

じつは、日本の社会に似ているようで本当はかなり違うアメリカの場合、大学入試はありませんし、就職試験もありません。

日本の高校生になったなら、当然3年後に迫った大学のことを考えるでしょう。大学に入るのにも入試がありますから。そして大学に入れば、3年目には就職のことを考えねばなりません。

とてもゆっくりはしていられないのです。

しかし、これが大学入試がなく、就職試験もないとすれば一体、あなたたちはどのように「将来」を考えるのでしょうか。

これは、じつは8月、中国の高校生12人ぐらいとお会いしたときに話しあったことの1つです。

中国の高校生たちも厳しい入試があり、地獄のような（?）受験勉強をしなければいけないようですから、とてもその先は考えられない、まずはどこかの大学に受からなければ、というわけです。ですから、彼らに「将来何がやりたいか」と聞いてもまともな考えは返ってきませんでしたし、それは当然でしょう。

しかし、日本だってそう変わらないのではないでしょうか。なにしろ大学にも会社にも入口の試験で合格か不合格か判断される。そこには、適性とかやりたいこととかの考えは入る余地がないに等しいからです。

入試がないアメリカで必要な「自分」の活動歴アピール

これがアメリカならば、優秀な生徒（もそうでない生徒も、）自身の活動歴をWEBで公開します。すると大学の方からオファーがきます。もちろん優秀な生徒であればです。

仕事の方も同じ。自らが門戸を叩くのが普通ですが、就職などは優秀であれば、やはりオファーがきます。

WEBで活動歴を示すのは、いまのアメリカはそれが普通ですが、これからはわかりません。あまりにFaceBookなどソーシャル・ネットワーク・サービスが悪用され始めているからだそうです。

近時の例では山中教授の偽ツイッター「ノーベル賞キター!」という珍妙な話もありましたね。

ともあれ、いまはWEBで自身の活動歴を示し、必要と思う相手方（つまりそれは大学のアドミッションオフィス——入学担当事務とでも言うべきでしょうか——の人や、人事専門会社や人事部の人など）がそれを見て連絡が来る。

そうであればやはり自身はいったいどのように考え、行動しているか相手方にわかりやすく伝え、理解してもらわなければなりません。

となるとやはりここで元に戻りますが、自分はどのような世界観を持っているか、なにを基本と考え、なには妥協してもいいと思っているか、など自身の考えを持ち、他人に伝える——それも押しつけるのではなく、考え方を理解していただく、というスタンスになります。

そのやり方は、先輩の事例、モデルの事例などをみて、自身の進路を考えることになります。

アメリカはこれがWEBに山ほどあります。

日本は、入試や入社試験の参考書も問題集は山ほどありますが、残念ながら、キャリアのモデルといっても、必然的にそう多くあるわけでもなく、バラエティがありません。

第一、アメリカでは、高校、大学を出て1～2年ブラブラしたり大学院に進むことが普通で、就職はその先のことです。必然的に、多様なキャリアモデルになりますし、じつは大学での勉強にしても、学部時代と大学院では大きく方向が変わることもしばしばです。つまり個性的に多様に生きるのが当然の社会です。

もう1度話を戻すと、高校は成功観、世界観を作るところです。仮にアメリカのように入試がなければ、その成功観、世界観を基に否が応でも自身の立ち位置や進むべき道を模索することになります。

おそらく日本も間もなくそうした時代になることでしょう。

つまり、父母の時代のような型にはまった進路先はないのですから、身についた知識や技術を使って生きのびる道を模索すべきです。その場合のエンジンは、トライ&エラーが当たり前の途（みち）ですから、そんなことにストレスを感じるのでは用をなしません。それをおもしろがる明快さが求められます。

でも、それは少しやり方を教えてもらえばできます。いまは、そんな心構えで高校に進んでほしいのです。

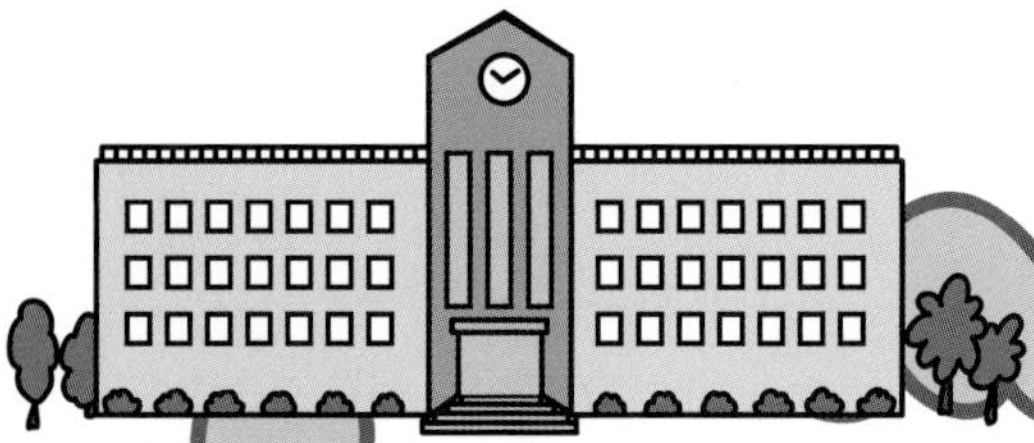

私立★INSIDE

2013年度首都圏私立高校入試変更点

安田教育研究所

来年度の首都圏私立高校入試のおもな変更点（募集の増減、共学化情報）を、９月末日までの調査で安田教育研究所にまとめていただきました。調査後の発表や変更もありますので、必ず志望の各校ホームページで確認してください。

上位校に偏る募集減　東京西部で深刻な状況

募集再開

東京純心女子　以下の要項で来春、高校募集を再開する。

募集人員…普40名（推薦20名・一般20名）

試験日…推薦1月22日、一般2月10日

推薦基準：推5科20または9科34（各3以上）、併願優遇5科21または9科35（同）

※多摩地区では、**中大附属**が附属中の1期生が高校に進学するため、募集人員を大幅に減らす。

また、**都立南多摩**、**都立三鷹**が中等教育学校の完成年度となるため、募集を停止するなど、上位校の募集規模が急減する。そのため、学力上位層が新しい学校を求めている状況。

一方、震災の影響で、2011年から暫定2年間の東京移転中（海城中高から再度多摩市に移転）の**那須高原海城**は、来春の募集再開を検討しているが、今号締め切り（9月末）までには発表がなかった。

募集停止

聖セシリア女子、**かえつ有明**…帰国のみの募集に絞る、**朋優学院**…再来年度より普通科美術コース・調理科・デザイン科の募集停止を予定

共学化

植草学園大附属…普通科特進コース・英語科を共学募集（普通コースは女子のみ）

※来年度以降に共学化を検討している学校は、14年度から…**岩倉**、**安田学園**、**中大横浜山手**、15年度…**京北**、16年度…**法政大二**。

募集人員の増減

●おもな募集増

■男子校　**日本学園**…特進40名（推20・般20）→45名（推20・般25）、総進・スポーツ200名（推100・般100）→205名（推105・般100）、**佼成学園**…普80名（推20・般60）→120名（推40・般80）、**立教池袋**…普6名→15名（一般）、**芝浦工大**…普25名（推10・般15）→30名（推5・般25）、**明法**…普40名（推15・般25）→60名（推20・般40）

■女子校　**東京家政学院**…普［特進・総進］80名（推40・般40）↓［総進のみ］100名（推50・般50）、**トキワ松学園**…普60名［特進・進学・美術］↓100名［特進20・進学30・美術50］、**玉川聖学院**…普30名（推15・般15）↓60名（推30・般30）、**戸板女子**…普100名（推50・般50）↓120名［特進（推10・般10）・総進（推50・般50）］、**宝仙学園**…特進10名（推5・般5）↓20名（推10・般10）、**北豊島**…特進40名（推20・般20）↓50名（推25・般25）、総合40名（推20・般20）↓50名（推25・般25）、**共立女子第二**…普120名（推40・般80）↓140名（推40・般100）、**武蔵野女子学院**…進学70名（推35・般35）↓100名（推40・般60）、**白鵬女子**…普260名（セレクト100・メディア30・スポーツ30・総合100）↓300名（セレクト90・国際30・メディア30・スポーツ30・総合120）

■共学校　**立正**…普80名（推40・般40）↓120名（推60・般60）、**文教大付属**…普110名（推55・般55）↓120名（推60・般60）、**早稲田実業**…普170名（推男女60・般男69・女41）↓180名（推男女60・般男80・女40）、**目白研心**…普［特進・選抜］170名（推50・般120）↓180名（推90・般90）、**國學院大學久我山**…普135名（推男女60・般男40・女35）↓145名（推男女50・般男60・女35）、**帝京**…普170名（推85・般85）↓180名（推90・般90）、**関東第一**…特進40名↓70名、進学G200名↓210名、**日大三**…普130名（推50・般80）↓150名（推50・般100）、**桜美林**…普［選抜・一般］150名（推50・般100）↓170名（推50・般120）、**玉川学園**…普40名（普30・PL10）↓80名（普50・PL30）、**聖徳学園**…普40名（推20・般20）↓80名（推20・般60）、**二松學舍大柏**…前期230名（特選60・進学170）↓前期270名（S特選35・特選40・進学195）、**桐蔭学園**…理数［男］150名（推40・般110）↓165名（推40・般125）、理数［女］65名（推20・般45）↓90名（推20・般70）、

◇

なお、推薦だけの増加では次の2校が予定している。**明大中野**…普165名（スポ推24・般141）↓165名（スポ推27・般138）、**中大杉並**…普300名（帰国30・推150・般150）↓300名（帰国20・推130・150）

◇

一般だけの増加では、**錦城**…普420（推200・般220）↓420（推180・般240）と推薦を減らし、一般を増やしている。

●おもな募集減

■男子校　**早大高等学院**…普480名（推160・般320）↓360名（推100・般260）、**巣鴨**…普100名↓70名

■女子校　**中大横浜山手**…普220名（推80・般140）↓180名（推40・般140）

■共学校　**東京都市大学等々力**…普100名（推50・般50）↓70名（推35・般35）、**中大附属**…普350名（推150・般200）↓200名

（推80・般120）、**芝浦工大柏**…普150名（前135・後15）→120名（前105・後15）、**麗澤**…普135名（前95・後40）→90名（前90・後なし）、**東京学館**…普390名（前370・後20）→350名（前320・後30）、**東京成徳大深谷**…普350名（特選30・特進60・進選60・進学120・保育総合系80）→280名（特選30・特進60・進選70・進学120）、**日本大学**…普180名（推80・般100）→140名（推60・般80）

※**早大高等学院**120名減、**巣鴨**30名減、**中大附属**150名減と、上位のとくに男子の募集減が大きい。また、都立の併設型中高一貫校の**大泉**と**富士**がそれぞれ200名→80名と、2校合計で240名の減少となる。さらに、中等教育学校の**南多摩**と**三鷹**も、完成年度を迎えて高校募集を停止。そのため合計8学級、320名の募集減。

上位私立3校と都立中高一貫4校の募集減を合計すると、860名と極めて大規模になる。これらは、ほとんど東京西部に集中している。

一方、募集人員の増加は、上位私立では**佼成学園**（男子40名増）、**早稲田実業**（男子11名増、女子1名減）、**國學院大學久我山**（一般男子20名増、推薦男女10名減）、**錦城**（一般男女20名増、推薦男女20名減）**日大三**（一般男女20名増）**桐蔭学園**（理数一般男子15名増、同女子25名増）など。いずれも小規模な募集増に止まっている。

都内公立中学校卒業生の人数は、今春よりやや増加する。都立高校には、その増加分（約2学級）と中高一貫校の募集減（14学級）を補う学級増が必要となるが、地域や学力レベルに見合った適切な学校の選定ができるかには不安が残る。

東京西部にある都立高校の多くは、6学級を基準に建築されている。このため、物理的に学級増のできる高校が少ない。また、都内公立中学校の生徒数は増加傾向にあり、来春より再来春の方が、より多くの学級増を強いられる。このため、今回は思いきった学級増ができない。つまり都立でも、上位校の募集増は期待できそうにない。結局、上位の900名近い募集人員減は、公私を問わず、上位校の倍率の上昇と不合格者数の増加を招くことになる。

科やコースの改編

■男子校　**岩倉**…特別進学・総合進学・スポーツ→S特・特進・総進（スポーツコース募集停止）、**小松原**…進学選抜S→特別進学、進学+総合→総合進学

■女子校　**東京家政学院**…特進コース募集中止、普通科総合進学のみの募集、**戸板女子**…特進・総進クラス別の募集、**新渡戸文化**…一般進学・特別進学コース→キャリアデザイン・医療系進学コースに改編、**文華女子**…難関大進学コース募集中止、**白鵬女子**…国際コース新設

■共学校　**かえつ有明**…総進40名（バレーボール部所属対象）→帰国生10名のみ、**市原中央**…普通コース→ハイレベルチャレンジコースI類・II類（ハイレベルチャレンジ［I類・II類］・英語・芸術の3コース）、**浦和学院**…進学類型のリテラル（情報）コース募集停止、**浦和実業学園**…特別選抜S類コース→特別選抜コース、**埼玉栄**…特別選抜コース→Sコース（α・S・特別進学・総合進学の4コース）、**東京成徳大深谷**…進学コース保育・総合系募集中、**正智深谷**…S類選抜・S類・S類アスリート→Sプラス・Sセレクト・Sアスリート、I類は募集中止、**武蔵越生**…普通科体育コース→普通科アスリート選抜コース、**春日部共栄**…特進コース→特進コースE系、文理コース→特進コースS系、**昌平**…特進コースのアスリートクラス新設　総合進学クラス募集中止、**開智未来**…未来クラスに特待選抜クラス設置、未来クラス1、開智クラス3→未来クラス2、開智クラス1、**花咲徳栄**…αM（旧帝大・医歯薬理系大）→α旧帝大理数選抜、αS（最難関I）→α旧帝大特別選抜、αE（最難関II）→α難関大文理選抜、AS（特別進学）→AD選抜進学、AE（文理進学）→AD特別進学、AG（総合進学）→AD総合進学、**立花学園**…普通コース→総進コース（特進・進学・総進の3コース）、**三浦学苑**…文理コース・普通コース・音楽選択コース→特進コース・進学コース・総合コース・音楽選択コース、**水戸葵陵**…特進IIコース→進学Vコース、医歯薬・特進・進学Vの3コース、**國学院栃木**…選抜αコース→選抜コース、選抜βコース→文理コース、国際情報科→募集中止、グローバルコース新設、普通科内に特別選抜S・特別選抜・選抜・グローバル・文理の5コース

※特進コースの改編が多いが、コース内での分化は一段落の様子。

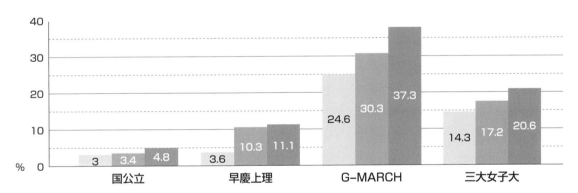

公立★CLOSE UP

都立入試の変更点とその影響を探る

安田教育研究所　副代表　平松 享

来春から都立の推薦入試の選考方法が大きく変わります。どんな点が変わったのか。変更によってどんな影響が予想されるか。受験生が注意すべきポイントをまとめました。

都立入試の基本

《入試区分と試験日》

都立高校の入試には、「推薦」、「一般（1次・分割前期）」、「2次・分割後期」の3つがあります。

これまで「推薦」では、多くの学校が調査書と面接だけで合否を決めていましたが、来春から、どの学校も「小論文または作文」を実施し、一部を除き全校で「集団討論」と呼ばれる新しい検査を導入します。このため、推薦入試の検査日は2日間に延長されています（1日で終わる学校もあります）。

「一般」では、6対4、7対3など、学力検査と調査書の成績を組み合わせて合否を決めています。また、**日比谷**や**西**などでは、定員の1割まで、学力検査の得点だけで合格者を決める「特別選考」を実施しています。

「2次・分割後期」では、「一般」の欠員を補う2次募集と、あらかじめ定員を分けて募集する「分割募集」の後期入試を行います。最近では、「一般」（1次）の倍率が高く、普通科で2次募集を行う学校はほとんどありません。

表1のように、来年の試験日は、「推薦」が1月27日（日）と28日（月）、「一般」が2月23日（土）、「2次・分割後期」は3月9日（土）です。

《出願と志願変更》

出願は「推薦」、「一般」、「2次・分割後期」のそれぞれについて、必要書類をそのつど、受検する学校に提出します。

願書は、都内の公立中学校の生徒なら、学校の先生からもらえますが、私立や他県の中学校などに在籍している場合は、都の教育委員会から個人的に取り寄せる必要があります。

多くの中学校では、「推薦」や「一般」の出願日程に合わせて、書類作成の締切日を設けています。期限を越えると、出願先を変えることが難しくなるケースもありますので、注意が必要です。

ただし、「一般」と「2次・分割後期」募集では、出願後でも各校の倍率を確かめてから、出願先を変更する「志願変更」の制度があり、これを利用すれば、中学校も対応してくれます。

例えば、「一般」の願書受け付けは来年は2月7日と8日ですが、高校では、その時点でいったん締切った倍率を公表します。その数字が、

[表1]

推薦	願書受付	1月24日（木）
	面接・実技	1月27日（日）・28日（月）
	合格発表	2月1日（金）　午前9時
	入学手続	2月1日、4日（正午締切）
1次募集 分割前期	願書受付	2月7日（木）、8日（金）（正午締切）
	取下げ	2月13日（水）
	再提出	2月14日（木）（正午締切）
	学力検査	2月23日（土）
	合格発表	2月28日（木）　午前9時
	入学手続	2月28日、3月1日（正午締切）
	★応募倍率の新聞発表（朝刊）…初日分2月8日（金）、2日目締切分9日（土）、再提出後確定15日（金）	
2次募集 分割後期	願書受付	3月5日（火）
	取下げ	3月7日（木）
	再提出	3月8日（金）（正午締切）
	学力検査	3月9日（土）
	合格発表	3月13日（水）　正午
	入学手続	3月13日、14日（正午締切）
	★新聞発表…募集人員2日、倍率（取下げ前）6日	

翌9日の朝刊に載りますので、そこで出願を再検討することができます（都教委HPには8日夜にアップされます）。

「志願変更」する場合は、出願した高校に、13日に願書を取り下げに行き、翌14日正午までに、変更先の学校に再提出します。

「志願変更」にはルールがあり、利用する場合は、必ず学校の先生に相談してください。

《発表と手続き》

合格発表は、「推薦」が2月1日、「一般」は2月28日、「2次・分割後期」は3月13日で、「推薦」と「一般」では午前9時に、「2次・分割後期」では正午に、合格者の受検番号が学校内に掲示されます。インターネットによる発表はありません。

手続き締切は、いずれも発表翌日の正午。「推薦」で合格した場合は、必ず入学しなければなりません。

「一般」と「2次・分割後期」では、入学確約書を高校に提出しますが、これを行わず入学を辞退することもできます。

おもな変更点と影響

《募集減と学級増》

3年前に開校した都立の中高一貫校（**大泉**、**富士**、**南多摩**、**三鷹**）の3年生が高校に進級するため、4校では、来春から高校募集を止めたり、減らしたりします。

このため、それぞれの学校の志望者層が他校に動くことになります。移動先としては、**新宿**、**竹早**、**北園**、**豊多摩**、**国分寺**、**小金井北**、**調布北**、**町田**などがあげられ、志望者が増える可能性があります。

都では18学級の募集増を決めています。難易度の高い学校がめだちますが、**早大高等学院**や**中大附属**など、私立でも大幅に定員を減らす学校があり、東京西部にある都立上位校の倍率は高くなりやすいでしょう。

《推薦入試の選考方法》

「推薦」入試では、次の3つの点で、大きな変更がありました。

①「小論文または作文」と「面接・集団討論」を原則全校で実施する。

②調査書のウエイトを全体の50％以内とする。

③推薦の募集枠の上限を普通科20％、専門学科や新しいタイプの高校

で、30%以内に絞る。

このうち「集団討論」は、5～6人のグループで、与えられたテーマについて自由に意見を述べあう形で進められます。受検生が司会役を務めることもあり、この討論を通してコミュニケーション能力や協調性、思考力・判断力・表現力などが評価されます。

面接と集団討論は、「集団討論・面接」とセットで採点され、その結果を事後に各学校のHP上に公開するよう、実施方針に明記されています。

これには、大きな意味があります。推薦入試はこれまで、面接点ではあまり差が出ませんでした。その結果、調査書の成績のいい者から順に合格することが多い入試と言われました。そのことが批判を浴び、今回の大改訂を促しました。

しかし、来春からは、調査書のウエイトが50%以下に制限され、その他の検査で大きな差が出ることになりそうです。「集団討論・面接」の点数のよい生徒が合格ラインに近づくことになります**（表2）**。

推薦枠の縮小でも影響は小さくありません。倍率が急に高くなる学校が出ることも考えられます。ただし、一般の募集人員は増えることになるので、推薦枠を絞った学校の一般入試の倍率は、低くなるものと考えられます（表3参考）。

いずれにしても、これまでとは違った準備と情報収集が必要になります。都立第1志望のみなさんは、早めに作戦を練っておくべきでしょう。

[表2]　学校別推薦入試の配点と比率

指定等	学校名	満点：調査書	満点：集団討論・面接	満点：作文、小論文、実技等	配点の割合：調査書	配点の割合：集団討論・面接	配点の割合：作文、小論文、実技等
進学指導重点校	日比谷	450	300	小論文 150	50%	33%	17%
	戸山	400	200	小論文 200	50%	25%	25%
	青山	450	150	小論文 300	50%	17%	33%
	西	360	240	作文 300	40%	27%	33%
	八王子東	500	200	小論文 300	50%	20%	30%
	立川	500	200	小論文 300	50%	20%	30%
	国立	500	200	小論文 300	50%	20%	30%
進学指導特別推進校	小山台	450	200	小論文 250	50%	22%	28%
	新宿	450	180	小論文 270	50%	20%	30%
	駒場	360	180	作文 180	50%	25%	25%
	町田	450	250	小論文 200	50%	28%	22%
	国分寺	300	200	作文 100	50%	33%	17%
進学指導推進校	三田	300	150	小論文 150	50%	25%	25%
	国際	500	200	小論文 300	50%	20%	30%
	豊多摩	450	300	作文 150	50%	33%	17%
	竹早	500	250	作文 250	50%	25%	25%
	北園	500	300	作文 200	50%	30%	20%
	江北	450	150	作文 300	50%	17%	33%
	小松川	500	250	作文 250	50%	25%	25%
	城東	400	200	小論文 200	50%	25%	25%
	江戸川	300	200	作文 100	50%	33%	17%
	日野台	450	225	作文 225	50%	25%	25%
	昭和	450	300	作文 150	50%	33%	17%
	武蔵野北	450	225	作文 225	50%	25%	25%
	小金井北	500	250	小論文 250	50%	25%	25%
	調布北	500	250	作文 250	50%	25%	25%
併設型中高一貫	大泉	450	250	作文 200	50%	28%	22%
	富士	450	200	作文 250	50%	22%	28%
	白鷗	500	300	作文 200	50%	30%	20%
	両国	500	300	小論文 200	50%	30%	20%
	武蔵	500	200	小論文 300	50%	20%	30%

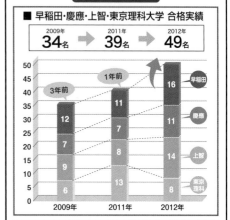

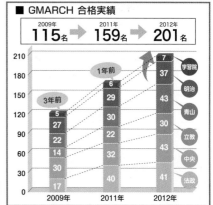

学校別推薦入試比率と前年度一般入試 [表3]

地域	学校名	指定等	推薦入試			一般入試					募集学級数		
			定員枠	作文、小論文、実技等	文化・スポーツ等特別	科目数と自校作成	特別選考	男女緩和	前年倍率 男子	前年倍率 女子	11年	12年	13年
旧1学区	日比谷	進学指導重点校	20%	小論文		自校作成	10		2.42	1.96	8	8	8
	小山台	進学指導特別推進校	20%	小論文		5			1.80	2.01	7	7	8
	三田	進学指導推進校	20%	小論文		5		×	2.06	2.26	7	7	8
	雪谷		20%	作文	○	5		○	1.27	1.61	6	6	7
旧2学区	戸山	進学指導重点校	20%	小論文		自校作成	10		2.43	1.87	8	8	8
	青山	進学指導重点校	10%	小論文		自校作成			1.55	1.78	7	7	7
	国際	進学指導推進校	30%	小論文		英語自作			2.70		6	6	6
	新宿	進学指導特別推進校	10%	小論文		自校作成			2.26		8	8	8
	駒場	進学指導特別推進校	20%	作文		5			1.74	1.97	7	7	8
	目黒	学力向上開拓推進校	20%	作文		5		×	1.42	1.88	6	6	6
旧3学区	西	進学指導重点校	20%	作文		自校作成	10		2.31	1.56	8	8	8
	大泉	併設型中高一貫	20%	作文		自校作成			2.00	1.64	5	5	2
	富士	併設型中高一貫	20%	作文	○	自校作成			1.64	1.64	5	5	2
	豊多摩	進学指導推進校	20%	作文	○	5			1.62	1.90	7	7	8
	井草		20%	小論文		5	10		1.24	1.55	7	7	7
	杉並		20%	作文		5		○	1.41	2.08	7	7	7
旧4学区	竹早	進学指導推進校	20%	作文		5			1.41	1.75	6	6	7
	北園	進学指導推進校	20%	作文		5	10	○	1.40	2.00	8	8	8
	文京	学力向上開拓推進校	20%	作文	○	5		○	1.56	2.03	8	8	9
	豊島		20%	作文	○	5		○	1.28	1.45	6	7	7
	向丘		20%	作文	○	5		○	1.39	2.12	6	7	7
旧5学区	白鴎	併設型中高一貫	20%	作文		自校作成			1.89	1.84	2	2	2
	上野		20%	作文	○	5	10		1.34	1.79	8	8	8
	晴海総合	総合学科	30%	作文	○	3＋作文			0.93		6	6	6
	江北	進学指導推進校	20%	作文		5			1.35	1.24	7	8	8
旧6学区	両国	併設型中高一貫	30%	小論文		自校作成	10		1.59	1.59	2	2	2
	小松川	進学指導推進校	20%	作文		5	10		1.48	1.55	8	8	8
	城東	進学指導推進校	20%	小論文	○	5			1.47	1.43	8	8	8
	墨田川	進学重視型単位制	20%	小論文	○	自校作成			690		8	8	8
	江戸川	進学指導推進校	20%	作文	○	5		○	1.27	1.35	7	8	8
	深川	学力向上開拓推進校	20%	作文		5		○	1.21	1.76	5	6	6
旧7学区	八王子東	進学指導重点校	20%	小論文		自校作成			1.49	1.43	8	8	8
	町田	進学指導特別推進校	20%	小論文		5	10		1.44	1.67	7	7	7
	日野台	進学指導推進校	20%	作文		5			1.34	1.33	7	8	8
	南平	学力向上開拓推進校	20%	作文		5			1.22	1.42	7	8	8
	成瀬		20%	作文		5			0.91	1.06	7	7	7
	翔陽	単位制	30%	作文		5	10		1.32		6	6	6
旧8学区	立川	進学指導重点校	20%	小論文		自校作成	10		1.60	1.58	8	8	8
	昭和	進学指導推進校	20%	作文		5			1.27	1.46	7	7	8
	東大和南		20%	作文	○	5			1.21	1.46	7	7	7
	上水	単位制・学力向上開拓推進校	30%	小論文	○	5			1.34		6	6	6
旧9学区	武蔵	併設型中高一貫	30%	小論文		自校作成			1.70	1.48	2	2	2
	国分寺	進学指導特別推進校	30%	作文		自校作成	10		1.77		8	8	8
	武蔵野北	進学指導推進校	20%	作文		5	10		1.65	1.93	6	6	6
	小金井北	進学指導推進校	20%	小論文		5			1.55	1.60	6	6	6
	清瀬		20%	小論文	○	5			1.22	1.38	7	7	7
	小平		20%	小論文	○	5		○	1.17	1.85	5	5	6
	小平南	学力向上開拓推進校	20%	小論文	○	5			1.43	1.49	6	7	7
旧10学区	国立	進学指導重点校	20%	小論文		自校作成	10		1.68	1.63	8	8	8
	調布北	進学指導推進校	20%	作文		5			1.36	1.48	6	6	6
	狛江		20%	作文		5			1.32	1.70	8	8	8
	神代		20%	作文		5		○	1.09	1.54	7	7	8
	調布南		20%	作文		5			1.55	1.61	6	6	6

都立高校の推薦入試改革
「集団討論」の中身は

東京都立高校の推薦入試が来春から改革されることになっています。とくに新たに導入される「集団討論」とはどんなものなのか、そしてその実施方法にも注目が集まっています。どのように行われるのか。いま、少しずつわかってきました。

来年度募集は4万1705人

10月、東京都教育委員会は、2013年度の都立高校1年生の募集人員を発表しました。

都立高校全日制では、中等教育学校である**三鷹中**、**南多摩中**両校の1期生が高校段階に進学して募集を停止するため、募集校は173校と2校の減。募集定員は4万1705人、このうち推薦入学の対象は9173人（全体の22％）となりました。募集人員はこの春に比べ160人増えています。

全日制の普通科では、112校が2万7209人を募集します。このうち推薦入学の対象は5502人（20％）となりました。

小論文・作文実施校は倍増

2013年度改革が発表されている都立高校の推薦入試（「推薦に基づく選抜」、来年1月27日・28日実施）から目が離せません。その「変わりよう」が10月に入って少しずつわかってきました。

おもな変更点は「調査書（内申書）の配点率引き下げ」と、受検生全員に面接とは別途に、初めて「集団討論」を課すことです。

推薦入試の総合成績に占める調査書点の割合は、これまで60％以上という学校が約8割、70％という学校もありましたが、これでは、調査書で合否が決まってしまい、受検する前から結果がほぼわかってしまう、という批判もあり、上限を50％に制限することになりました。

発表された資料をみると、来年、募集を実施する都立高校173校のうち、そのほとんどが50％、それに満たない学校は25校で、上位校では

西のみが40％です。

調査書の配点引き下げによって注目度を増した「小論文」と「作文」ですが、来春からの実施校が大きく増えています。

２０１２年春、都立高校普通科の推薦入試で小論文または作文を実施した学校は、前年より22校増えて53校でした。都教委の指導もあり、そこからさらに増えて、来年度の普通科は、小論文29校、作文89校、合わせて１１８校が実施へと倍増以上の増え方です。

「集団討論」の中身は見えない

さて、実態の見えなかった「集団討論」の観点ですが、各校とも10月、HP上で公表しました。

初めて行われる検査方法なのですから、評価の観点、ポイントを受験生にわかりやすく示してほしかったのですが、各校が公表した観点は、抽象的なものに終わっています。

日比谷が発表した「集団討論・個人面接の評価の観点」は、①出願の動機・進路実現に向けた意欲　②リーダーシップ・協調性　③コミュニケーション能力　④思考力・判断力となっています。

西を見ると、①コミュニケーション能力（他者の意見を正しく理解し、自分の考えを他者に正しく伝える力）②思考力・判断力・表現力（課題を論理的に考察し、広い視野に立って判断し、わかりやすく伝える力）③リーダーシップ・協調性（協調性を持ち、入学後も指導的役割を果たしていく力）④出願の動機、進路実現に向けた意欲（出願の動機、進路実現に向けた意欲が明確である）と少し詳しく述べています。

青山は**西**とほとんど変わらぬ４点にプラスして、⑤規範意識・生活態度（自分の行動に責任をもち、社会のルールを守ろうとする態度を備えている）という観点が入っています。

各校とも「似たりよったり」の内容といってよく、面接と集団討論の観点を別々に公表した学校の方が少なくなっていますし、別々とはいえ、その観点は重複している学校がほとんどです。

各校は今後、集団討論の実施内容を独自に公表することになっています。

都教委では、これら各校が発表する具体的な内容を掲載した「平成25年度東京都立高等学校募集案内」をこの雑誌が刊行されるころ（11月上旬）に中学校を通じて配布するとしています。

「受検生のために」という配慮があれば、より具体的な方法に踏み込んで発表する学校が多くあるべきでしょう。

これまでの段階で最も具体的な例が公表されているのは、この夏、配布された「平成25年度入試における推薦入試に関するリーフレット（中学3年生向け）」です。

このなかで具体的な実施方法に触れた部分を、以下にそのまま記してみます。

◇

『集団討論』ってどういうものなのかな…？」「受検という場面だし、初めて会った他校の生徒と一緒にできるかな…？」と、心配する人もいるかも知れません。ですが、学級活動の時間に「学校や学級の生活を見直そう！」「合唱コンクールを成功させよう！」などの話し合いをしたこと、国語などの教科の授業の時間に皆で意見交換をしたことがあると思います。そのような経験を生かし、『自分自身の考え・意見をしっかりもつこと』『相手の考えを理解した上で、自分の考えを明確に相手に伝えること』などを大切にして臨んでください。

『集団討論』の形態には、「面接官が司会役となって議論を進めていく形」や「受検生だけで自主的に議論を進めていく形」があります。どの形態で行うかは、各学校が受検生の状況などを踏まえて決めることになります。

◇

このリーフレットによれば、司会役が面接官でなく、受検生同士で役割分担して討論を進める学校もある、ということです。

入学者選抜の成績になるわけですから、受検生は積極的に発言をした方がいい、ということになります。

コミュニケーション能力がカギ

さて、集団討論の観点では、各校が必ずあげているもののうち、面接ではかりきれない「コミュニケーション能力」がポイントになることは間違いがなさそうです。

討論のテーマは各校が独自に、「身近なテーマ」を定めることになっています。5人程度のグループごとに討論することになっていますが、すべてのグループが同じテーマとなるのかどうかも公表されていません。常識的には「公平性」から1つの高校のなかでは同テーマになるものと思われます。

実際に現場の先生方に聞くと、実施の実際などはまだ模索中とのことで、かなりのとまどいも見られます。つまり、「コミュニケーション能力」を探るにしても、どのような方法でアプローチすればよいのか、頭を悩ませている段階で、大急ぎで対応している様子が伺えます。

新たな不公平が生まれぬよう

入学者選抜を担う先生たちの間では「集団討論」の実施に懸念もあるようです。採点方法は各校に任されているとはいえ、実際の集団討論をどのように実施し、採点していくのか、まさに模索中です。

さらに、当日の運営もなかなか大変そうです。実際の検査日には、5人ほどに分かれた全グループの討論をいっせいにスタートできるわけではありませんから、検査を終了した受検生が、待っているグループの友人と接触することを避けねばなりません。討論テーマを携帯メールで安易に伝える行為も考えられ、このあたりの防止策も課題となります。

集団討論はどのように運営され、どのように評価されるのか。現段階では、まさに「手探り状態」という印象です。

また、「口べたな子」「おとなしい子」の「コミュニケーション能力」はどのように評価されるのか。「そんなタイプの受検生に優秀な生徒もいる。そんな生徒を見逃さないようにしたい」と話す先生もいます。

集団討論が、新たな不公平を生むことのないよう注視していく必要がありそうです。

精神科医からの処方箋

子どものこころSOS

大人の知らない「子どものこころ」。そのなかを知ることで、子どもたちをめぐる困難な課題を克服する処方箋を示唆。気鋭の精神科医・春日武彦が「子どものこころ」を解きほぐし、とくに受験期に保護者がとるべき態度や言動をアドバイスします。

A5版　224ページ
定価　2,100円（税込）
ISBN4-901524-80-1

精神科医
春日 武彦　著

「率直に言って、受験を迎えるお子さんがいるご家庭においては、親子ともに『こころの健康マネージメント』が必要だと感じています。しかし、これを実際におこなっていくのは、なかなかむずかしい。本書は、現実生活のなかでどう対応したらよいのかを、学説や教育論ではなく、こころに届く絶妙な筆致で綴った得難い一冊です」
（教育評論家・森上展安）

子どものこころ？

受験期にはどう接すればいい？

子どもとうまくつきあいたい

★ご注文方法
本書は一般書店にてお買い求めになることができます。万が一、書店店頭に見当たらない場合には、書店にてご注文のうえ、お取りよせいただくか、弊社営業部までご注文ください。ホームページからもご注文いただけます。

株式会社 グローバル教育出版
〒101-0047 東京都千代田区内神田２－４－２　グローバルビル３階
TEL：03-3253-5944（代）　FAX：03-3253-5945

10月号の答えと解説

問題

熟語組み立てパズル

例のように、バラバラになった漢字を組み合わせて漢字２字の熟語を作ってください。

最後に、できあがった10個の熟語を五十音順に並べたとき、一番あとにくる熟語を答えてください。

【例】工・日・生・穴 …▶ 星空

①	八・木・刀・交	…▶
②	即・竹・周・言	…▶
③	不・忍・口・言	…▶
④	土・寸・日・日・門	…▶
⑤	月・頁・亡・王・原	…▶
⑥	ノ・田・糸・米・且	…▶
⑦	人・竹・内・力・月	…▶
⑧	黒・目・木・犬・心	…▶
⑨	十・十・日・月・頁・彦	…▶
⑩	大・口・寸・心・身・言	…▶

解答　黙　想

解説

10個の熟語を組み立てると、次のようになります。

① 分校　② 調節　③ 否認（認否）　④ 時間　⑤ 願望

⑥ 番組　⑦ 筋肉　⑧ 黙想　⑨ 朝顔　⑩ 謝恩

このパズルのように、１つの漢字がいくつかのパーツに分けられる場合は、複雑な漢字の書きを覚えるのに便利です。例えば、難しい漢字の代表格、「葡萄」、「憂鬱」は次のように覚えることができます。

葡萄…サクサク浦和で缶ひろい

憂鬱…優しい人でないリンカーン（林缶）は（冖）アメリカン（米→※）コーヒーを３杯飲んだ

これで、3つとも書けるようになれば、人に自慢できますね。

「疑う」は「ヒ、矢、マ、正（疋）し」など、みなさんにもいろいろな工夫をして漢字を覚えた思い出があると思います。爽快の「爽」の字の「１人でもらった×（ばつ）４つ」なんていう覚え方もおもしろいですよね。

ともあれ、漢字に強くなることは国語の力を伸ばすための第一歩です。ときにはこのように楽しみながら、漢字や熟語の力をしっかり養っていきましょう。

中学生のための 学習パズル

今月号の問題

Q 論理パズル

Aさん、Bさん、Cさん、Dさんの同級生4人は、書道部、体操部、テニス部、美術部のいずれかに所属しています。また、4人の通学手段は、電車、バス、自転車、徒歩のいずれかです。
この4人のある日の登校時刻について、次の①～⑤がわかっています。ただし、4人の所属している部活、通学手段はそれぞれ異なっていて、同時に登校してきた人はいませんでした。

① Cさんのあとに体操部の人が登校してきました。

② テニス部の人は自転車通学ではなく、この人が登校してきたのは1番目ではありません。

③ Aさんの次に自転車で通学している人が登校し、美術部の人はそのあとに登校してきました。

④ バスで通学している人は書道部でなく、この人の次にDさんが登校してきました。

⑤ 書道部の人は徒歩通学ではなく、4番目に登校してきた人はDさんではありません。

このとき、正しいといえるのはア～エのどれでしょう。

ア この日1番目に登校してきたのはCさんで、美術部に所属し、バスで通学しています。

イ この日2番目に登校してきたのはAさんで、テニス部に所属し、徒歩で通学しています。

ウ この日3番目に登校してきたのはDさんで、体操部に所属し、自転車で通学しています。

エ この日4番目に登校してきたのはBさんで、書道部に所属し、電車で通学しています。

10月号学習パズル当選者

（全正解者44名）

★三村 麗佳さん（東京都国分寺市・中3）
★高橋 琴音さん（埼玉県さいたま市・中3）
★山本 啓善くん（神奈川県藤沢市・中1）

応募方法

●必須記入事項

01 クイズの答え
02 住所
03 氏名（フリガナ）
04 学年
05 年齢
06 アンケート解答「メトロポリタン美術館展」「松本竣介展」（詳細は96ページ）の招待券をご希望のかたは、「●●展招待券希望」と明記してください。

◎すべての項目にお答えのうえ、ご応募ください。
◎ハガキ・FAX・e-mailのいずれかでご応募ください。
◎正解者のなかから抽選で3名のかたに図書カードをプレゼントいたします。
◎当選者の発表は本誌2013年1月号誌上の予定です。

●下記のアンケートにお答えください。

A今月号でおもしろかった記事とその理由
B今後、特集してほしい企画
C今後、取りあげてほしい高校など
Dその他、本誌をお読みになっての感想

◆2012年12月15日（当日消印有効）

◆あて先

〒101-0047 東京都千代田区内神田2-4-2
グローバル教育出版 サクセス編集室
FAX：03-5939-6014
e-mail:success15@g-ap.com

挑戦!!

実践学園高等学校
（じっせんがくえん）

- 東京都中野区中央2-34-2
- 地下鉄丸ノ内線、都営大江戸線「中野坂上」徒歩5分、JR中央・総武線「東中野」徒歩10分
- TEL：03-3371-5268
- http://www.jissengakuen-h.ed.jp/

入試説明会
11月17日（土）14:30～
12月 1 日（土）14:30～
12月 8 日（土）14:30～

問題

b）右の天気予報について当てはまる英文を次のア～オの中から二つ選び、その記号を答えなさい。

		Mon	Tue	Wed	Thu	Fri	Sat	Sun
weather & ※max. temp.	City A	☀ 32	☀ 33	⛅ 31	☁ 30	☂ 28	☂ 26	☂ 27
	City B	☂ 26	☂ 26	☁ 27	☁ 28	⛅ 29	⛅ 29	☀ 34
	City C	⛅ 33	☀ 33	☀ 33	☀ 33	☀ 33	☀ 33	☀ 33

※max.temp.（＝maximum temperature）最高気温

ア．City A and B won't have a cloudy day.
イ．Sunday is the best day to enjoy sunshine in City B.
ウ．The max.temp. at City C will stay the same but the weather will get worse.
エ．People in City C must have their umbrellas as they go out.
オ．City A will have rain for a few days, and it will be colder.

解答 イ、オ

白梅学園高等学校
（しらうめがくえん）

- 東京都小平市小川町1-830
- 西武国分寺線「鷹の台」徒歩13分
- TEL：042-346-5672
- http://highwww.shiraume.ac.jp/

学校説明会
11月17日（土）10:00～15:00
11月24日（土）10:00～15:00
12月 2 日（日）10:00～15:00

学校見学・個別入試相談会
12月 8 日（土）14:00～17:00
1 月 5 日（土）10:00～12:00
※1月5日は相談会のみ

問題

5 次の各単語の中で、最も強く発音する箇所が他の３つと異なるものをそれぞれア～エの中から１つずつ選び、記号で答えなさい。

1. ア．af-ter-noon　イ．un-der-stand　ウ．beau-ti-ful　エ．en-gi-neer
2. ア．sur-prise　イ．to-night　ウ．i-dea　エ．din-ner
3. ア．dis-cover　イ．ar-rive　ウ．al-ready　エ．im-age
4. ア．pop-u-lar　イ．re-mem-ber　ウ．res-tau-rant　エ．man-ag-er
5. ア．cal-en-der　イ．in-tro-duce　ウ．in-ter-view　エ．mys-ter-y

6 下線部の発音が他の下線部と異なるものをそれぞれア～エの中から１つずつ選び、記号で答えなさい。

1. ア．l**u**cky　イ．b**u**sy　ウ．c**ou**ntry　エ．m**o**ney
2. ア．want**ed**　イ．ask**ed**　ウ．laugh**ed**　エ．finish**ed**
3. ア．bro**th**er　イ．toge**th**er　ウ．no**th**ing　エ．**th**ose
4. ア．l**ea**ve　イ．gr**ea**t　ウ．st**ea**l　エ．pl**ea**se
5. ア．h**ou**se　イ．y**ou**ng　ウ．m**ou**ntain　エ．ar**ou**nd

解答 5 1. ウ　2. エ　3. エ　4. イ　5. イ　6 1. イ　2. ア　3. ウ　4. イ　5. イ

私立高校の入試問題に

國學院大學久我山高等学校

(こくがくいんだいがくくがやま)

東京都杉並区久我山1-9-1
京王井の頭線「久我山」徒歩12分
TEL：03-3334-1151
http://www.kugayama-h.ed.jp/

問題

２つの放物線$y=ax^2$…①，$y=bx^2$…②（$0<a<b$）と放物線①上に点A$\left(1,\ \frac{1}{4}\right)$がある。

図のように，放物線①上に点Bを，放物線②上に点Cをとる。

三角形ABCをつくると，辺AB，辺ACはそれぞれx軸，y軸に平行で，AB＝ACとなった。

次の問いに答えなさい。

(1) a，bの値を求めなさい。

辺BCの延長と放物線①の交点のうち，Bでない点をDとする。

(2) 点Dの座標を求めなさい。

点Cを通りx軸に平行な直線と放物線①の交点のうち，x座標が正であるものをEとする。

(3) 点Eの座標を求めなさい。

(4) 点Dを通り四角形AECBの面積を２等分する直線の式を求めなさい。

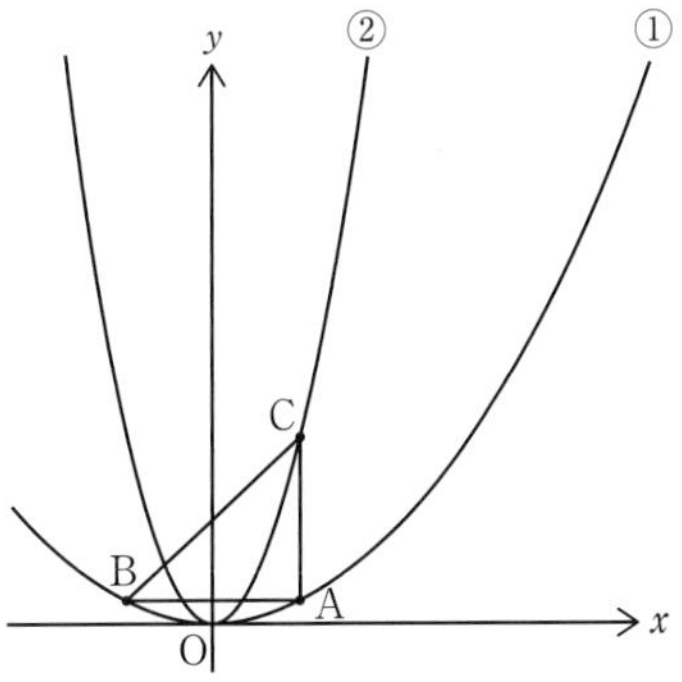

解答 (1) $a=\frac{1}{4}$，$b=\frac{9}{4}$ (2) $\left(5,\ \frac{25}{4}\right)$ (3) $\left(3,\ \frac{9}{4}\right)$ (4) $y=\frac{5}{4}x$

栄北高等学校

(さかえきた)

埼玉県北足立群伊奈町小室1123
ニューシャトル「丸山」徒歩３分、JR高崎線「上尾」･JR東北本線「蓮田」バス
TEL：048-723-7711
http://www.sakaekita.ed.jp/

問題

14 次の図のように，円周を３等分する点をA，B，Cとする。また，Dは$\overset{\frown}{BD}:\overset{\frown}{DC}=1:3$とする点である。このとき，∠ABDの大きさを求めなさい。

［ア］105°［イ］120°［ウ］135°［エ］150°
［オ］その他

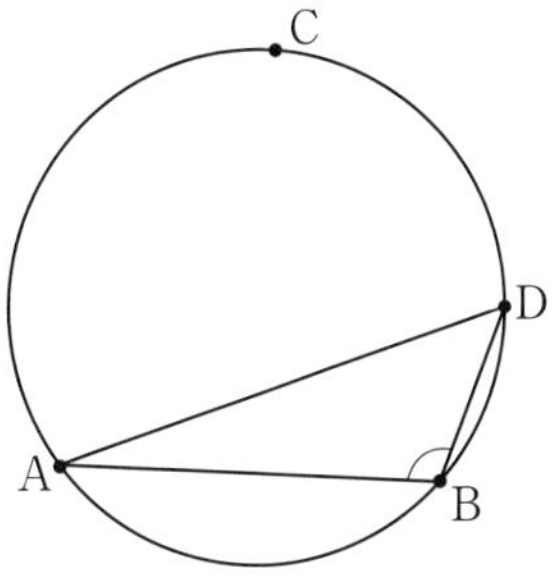

15 △ABCにおいて，AB＝AC＝２，∠BAC＝120°のとき，△ABCの面積を求めなさい。

［ア］$\sqrt{3}$　［イ］$3\sqrt{3}$　［ウ］$\frac{3\sqrt{3}}{4}$　［エ］$\frac{3\sqrt{3}}{8}$　［オ］その他

学校説明会

すべて9:30～

11月17日(土)	11月18日(日)
11月24日(土)	11月25日(日)
12月２日(日)	12月８日(土)
12月15日(土)	12月16日(日)
12月23日(日)	12月24日(祝)

解答 14 ア 15 ア

お便りコーナー サクセス広場

オススメ暗記法!!

ぼくの暗記法は感覚です（笑）。自分でイメージした感じを覚えるようにしてます。おかげで覚える必要もない**円周率も60桁ぐらい**まで覚えちゃいました!!
（中３・記憶力は一級品さん）

よく聞く歌を**替え歌**にして暗記することです！　いつも聞いてる歌なら耳に残っていいですよ～！
（中２・歌好きさん）

英単語でも漢字でも数学の公式でもなんでも、とにかく書いて書いて**書きまくって覚えます!**
（中３・Ｓ・Ａさん）

テレビ番組の「アメトーーク」でやっていた、脈絡のない言葉で勝手に**ストーリーを作って**覚える方法がいいです！　考えるのも楽しいし、忘れにくいです。
（中３・ポルナレフさん）

声に出して読みながら。家族にうるさいと言われようが、音読した方が私は絶対に暗記がはかどります。
（中２・わが道を行くさん）

寝る前に覚えるといいって、なにかで読んだので、**布団に入ってから単語を10個覚える**ようにしています。いつの間にか寝てますけどね。
（中２・まるこのお姉ちゃんさん）

最近見た変な夢

ノーベル賞をとる夢を見ました。しかも文学賞だって。本とか全然読まないのに、謎です。
（中3・村上夏樹さん）

目の前に特大の自動販売機があってボタンには友だちのあだ名が…。おそるおそる押してみると**その友だちが出てきた!**　そして「おはよう」と言われた(笑)
（中２・アリエールさん）

全身を黄色に塗って友だちと**レモンのまね**をしている夢。黄色い服を着て、顔まで真っ黄色の私と友だち。
レモンのまねってどうやるの？　って感じだけど、我ながらユニークな夢をみたもんだと笑ってしまった。
（中3・かなまるさん）

自分がチキンナゲットになっている夢。そして、それを食べるのも自分です。食べられる直前にまた最初の場面に戻り、それを延々繰り返していました。まったくワケがわからない…。
（中３・いつもは食べる方さん）

夢で学校に遅刻しそうで慌てて準備していたら、急に、**「夢だから大丈夫だ」**って言っていました。おかしい…。
（中３・午後のウーロン茶さん）

やめられない、とまらないお菓子

不二家のミルキー。期間限定の味もあって楽しいし、包み紙のペコちゃんが10人いるとラッキーと言われているので、数を数えるのも楽しい。冬はとくに食べたくなる味です。
（中３・ミル貝さん）

最近は**都昆布**にハマってます。つねに５箱鞄のなかに入ってます（笑）。気づけば食べている状態です。友人の男子のケータイに私が昆布をくわえている写真がなぜか大量にありました…。
（中３・ハッカーさん）

麩菓子が大好き。初めて食べたときは、食べ物じゃないみたいと思ったけど、あの独特な食感がたまらなく好き。はじっこの砂糖が固まったところもおいしい。
（中２・ホッさん）

お父さんのおつまみの**「チータラ」**が大好きです。いつも食べ過ぎて怒られちゃいます（笑）
（中１・いくらちゃんさん）

募集中のテーマ

「あなたの得意技教えてください」
「お年玉、なにに使う?」
「自分的こだわりのモノ」

応募〆切 2012年12月15日

必須記入事項

A／テーマ、その理由　**B**／住所　**C**／氏名
D／学年　**E**／ご意見、ご感想など

ハガキ、FAX、メールを下記までどしどしお寄せください!
住所・氏名は正しく書いてください!!
ペンネームは氏名のうしろに(　)で書いてネ!
【例】サク山太郎(サクちゃん)

あて先

〒101-0047　東京都千代田区内神田2-4-2
グローバル教育出版　サクセス編集室
FAX:03-5939-6014　e-mail:success15@g-ap.com

ここにメールしてね!!

success15

ケータイから上のQRコードを読み取り、メールすることもできます。

掲載されたかたには抽選で図書カードをお届けします!

掲載にあたり一部文章を整理することもございます。個人情報については、図書カードのお届けにのみ使用し、その他の目的では使用いたしません。

医学部へ一人ひとりをナビゲート！

第3回

［医学部現役合格メソッド］親子で聞く現役合格セミナー

医学部現役合格セミナー

講演会形式

医学部受験「伝統と実績」の野田クルゼの看板講師・教務責任者が､「合格するために必要なエッセンス・秘訣」を一挙公開！右記大学に通学している現役学生も参加し、講演・講義だけでなく、いかなるご質問にも対応します。知っているのと知らないのとでは天地の差がつく医学部合格メソッド満載 !!

■ **講演会プログラム**

▶医学部受験最前線

国公立大･有名私大医学部 受験最新情報

▶大学別徹底研究

1.国立難関→筑波大学

2.私大難関→東京慈恵会医科大学

▶合格者からの生の声

高校生時代はこのように過ごした！

現役大学生から受験生へのアドバイス

■ **アドバイザー在籍校**

▶順天堂大学医学部

▶東京医科歯科大学医学部

▶東京女子医大　等

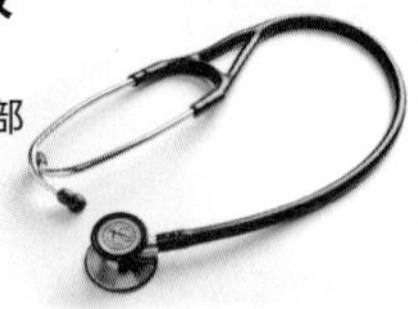

11/23㊗ 13:00～

会場▶東京グリーンパレス

出願直前！ 個別入試相談会

医学部受験指導のベテラン教務スタッフが、併願校相談や直前期の学習アドバイスをさせて頂きます。
※完全個別対応の為、必ずご予約下さい。

高3･高卒生対象

完全予約制

12/8㊏･9㊐

会場▶野田クルゼ現役校

医学部の入試問題は大学によって全く異なるから

志望校別対策なら 個別指導 メディカル・ウィン MEDiCAL WiN

医学部受験指導20年超の講師陣

東大系ベテラン講師

担当する講師は、指導歴20年以上のベテラン講師が中心となります。医学部受験の歴史を全て知っている講師だからこそ、あなたが目指す大学への最短距離を指導できるのです。

×

過去の傾向から最新の分析まで

志望大学過去問題

テキストはあなたが目指す志望大学の過去問を徹底分析して作成します。過去の傾向を学び、研究していくことで、きっと今年の試験傾向が浮かび上がるはずです。志望校の入試問題の「特徴」を学びましょう。

×

志望校との溝を効果的に埋める

1対1個別指導

集団授業では、大学の傾向は学べても、あなたと大学の間にある溝を浮き彫りにし、埋めていくことは困難です。だからこそ、志望校対策に特化した個別指導を新たに開講しました。

×

医学部受験指導43年の伝統

大学別入試情報

医学部入試には、様々な知識や情報が必要になりますが、こういった情報は全てが公表されているわけではありません。医学部受験専門で40年以上の歴史がある野田クルゼだからこそ提供できる情報があります。

医学部の推薦・AO入試の小論文・面接対策もおまかせ下さい。

医系小論文の最重要項目を全て解説します！

医学部小論文講座

入学願書の書き方や志望理由のまとめ方なども丁寧に指導

30年にわたり医学部の小論文指導を行っている杉原講師が医学部に合格する小論文の書き方から最新の医療事項の解説添削指導まで行います。なお、講座時間がご都合に合わない場合は個別指導での対応も可能です。

小論文担当･英語科主任
杉原 整講師

1ヶ月3回 月曜日 19:15～20:45	12/3	12/10	12/17
	医師不足対策	小論文作成	出生前診断

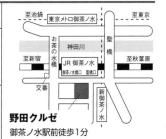

サクセス イベント スケジュール
11月～12月
世間で注目のイベントを紹介

科学　スター・クルーズ・プラネタリウム

11月23日(金・祝)～２月11日(月・祝)
森アーツセンターギャラリー

仮想の宇宙船に乗り込み宇宙の旅に出よう

昨年３次元プラネタリウムとして好評を博した「スカイ プラネタリウム」がパワーアップ。仮想の宇宙船に乗り込んで始まる宇宙の旅。大気圏の外から見る青い地球、神秘的な月、情熱的な火星と、美しい星々を見ることができる。また、新３D SKY WALKでは、太陽系から銀河系の果てまで、宇宙空間の散歩も楽しめるなど、時空を超えた宇宙の旅がみんなを待っている。

アート　メトロポリタン美術館展 大地、海、空―4000年の美への旅

10月６日(土)～１月４日(金)
東京都美術館

フィンセント・ファン・ゴッホ『糸杉』1889年 Rogers Fund, 1949(49.30) Image ©The Metropolitan Museum of Art

「メトロポリタン美術館展」の招待券を５組10名様にプレゼントします。応募方法は87ページを参照。

ゴッホ晩年の名作、『糸杉』日本初公開

設立から140年以上、名実ともに世界最大級の美術館と位置づけられているメトロポリタン美術館。この展覧会はメトロポリタン美術館の全面協力のもと、古代メソポタミア文明の工芸品からゴッホ、セザンヌなど西洋美術の巨匠の作品、20世紀の写真作品まで、絵画54点、彫刻・工芸66点、写真13点を紹介するメトロポリタン美術館のエッセンスがつまった大規模なコレクション展となっている。

アート　生誕100年　松本竣介展

11月23日(金・祝)～１月14日(月・祝)
世田谷美術館

《Y市の橋》、１９４３年、油彩、東京国立近代美術館

「松本竣介展」の招待券を５組10名様にプレゼントします。応募方法は87ページを参照。

昭和前期の若き画家 松本竣介の生涯に迫る

昭和前期の日本近代洋画壇に重要な足跡を遺した松本竣介。その松本竣介の生誕100周年を記念して開催されるこの絵画展は、36年という短さで幕を閉じた若き画家の人生を、約20年の画歴で残された油彩や素描で振り返る。最初期から他界直前までの、油彩約120点、素描約120点、資料など約180点という数多くの作品から、めまぐるしく変わっていく画風や心情を伺い知ることができるだろう。

科学　生誕100周年記念 特別パネル展「日本の宇宙科学の歴史」

10月20日(土)～12月２日(日)
はまぎん こども宇宙科学館

パネルで振り返る日本のロケット開発の歴史

ロケット技術開発の重要な指導者であったウェルナー・フォン・ブラウン博士と、ペンシルロケットの水平発射実験を成功させ日本のロケット開発の父と呼ばれた糸川英夫博士、この２人の博士の生誕100周年を記念したパネル展。東京・国分寺で行われたペンシルロケットの水平試射実験を皮切りに、現在世界のトップレベルにまで成長した日本の宇宙科学技術の歴史を５部構成でたどる。

ご提案型の教育旅行会社って？

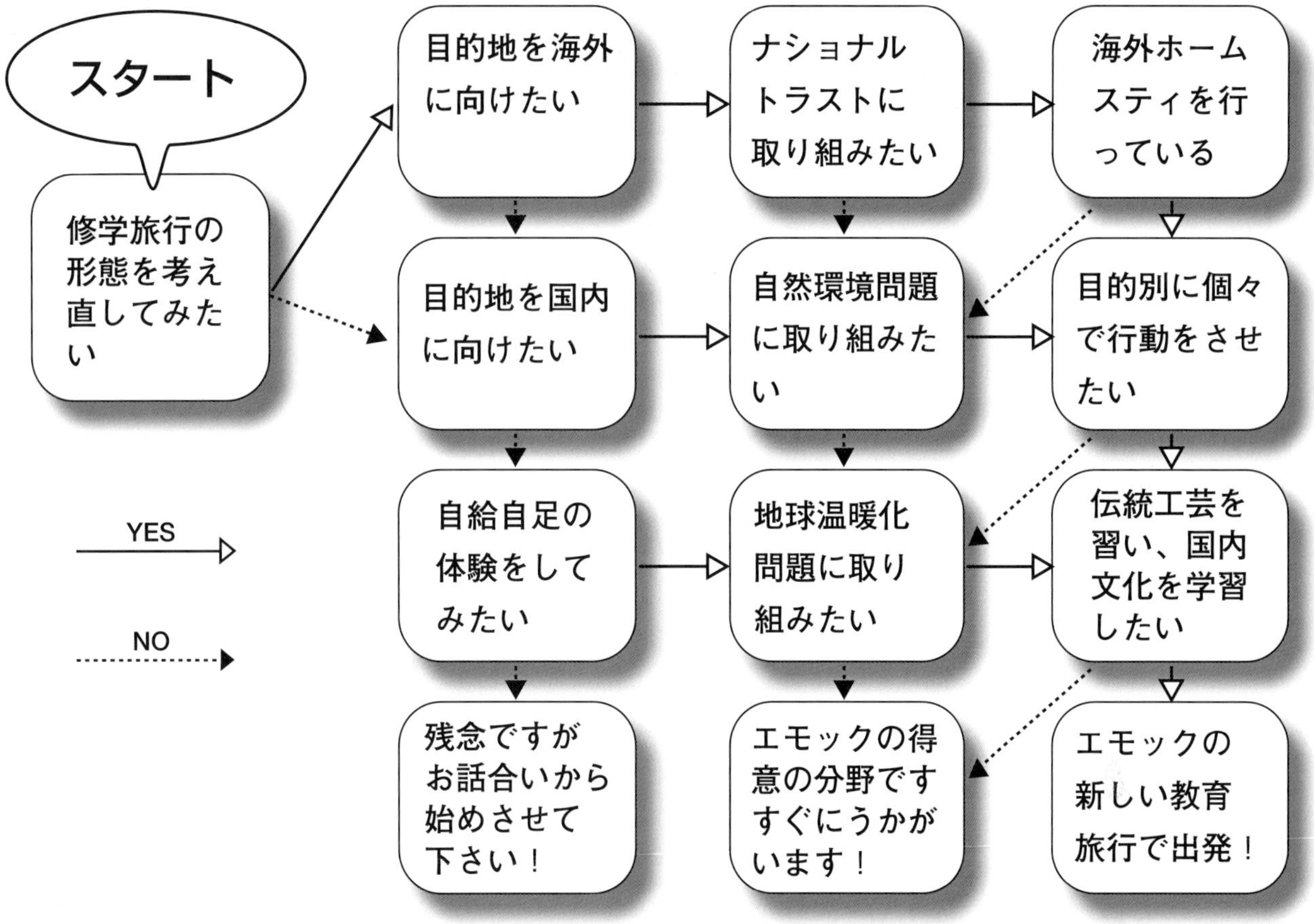

従来の名所旧跡を訪ねる修学旅行から、最近ではさまざまなテーマを生徒個々または小グループごとにコンセプトメークしひとつの社会貢献の一環として、位置づける学習旅行へと形態移行しつつあります。

小社では国内及び海外の各種特殊業界視察旅行を長年の経験と実績で培い、これらのノウハウを学校教育の現場で取り入れていただき、保護者、先生、生徒と一体化した旅行づくりを行っております。

一例

- ●海、山、川の動物、小動物の生態系研究
- ●春の田植えと秋の収穫体験、自給自足のキャンプ
- ●生ごみ処理、生活廃水、産業廃棄物、地球温暖化などの環境問題研究
- ●ナショナルトラスト（環境保全施設、自然環境、道の駅、ウォーキング）
- ●語学研修（ホームスティ、ドミトリー、チューター付研修）など

[取扱旅行代理店]　**（株）エモック・エンタープライズ**

担当：山本／半田

国土交通大臣登録旅行業第1144号　日本旅行業協会正会員（JATA）
東京都港区西新橋1-19-3　第２双葉ビル２階　☎ 03-3507-9777（代）
E-mail:amok-enterprise@amok.co.jp　URL:http://www.amok.co.jp/

Success15 Back Number

New

2012
10月号

専門学科で深く学ぼう
数学オリンピックに挑戦!!

SCHOOL EXPRESS
日本大学第二

Focus on
東京都立両国

2012
11月号

効果的に憶えるための
9つのアドバイス
特色ある学校行事

SCHOOL EXPRESS
成城

Focus on
神奈川県立柏陽

2012
8月号

夏にまとめて理科と社会
入試によく出る著者別読書案内

SCHOOL EXPRESS
國學院大學久我山

Focus on
東京都立西

2012
9月号

まだ間に合うぞ!!
本気の2学期!!
都県別運動部強豪校!!

SCHOOL EXPRESS
巣鴨

Focus on
千葉県立佐倉

2012
6月号

難関校・公立校の
入試問題分析2012
やる気がUPする文房具

SCHOOL EXPRESS
専修大学松戸

Focus on
埼玉県立川越

2012
7月号

高校入試の疑問点15
熱いぜ！　体育祭！

SCHOOL EXPRESS
開智

Focus on
神奈川県立湘南

2012
4月号

私立の雄　慶應を知ろう！
四字熟語・ことわざ・
故事成語

SCHOOL EXPRESS
本郷

Focus on
千葉県立千葉東

2012
5月号

先輩に聞く
難関校合格のヒミツ!!
「学校クイズ」に挑戦!!

SCHOOL EXPRESS
筑波大学附属

Focus on
東京都立小山台

2012
2月号

入試直前対策特集
受験生に贈る名言集

SCHOOL EXPRESS
春日部共栄

Focus on
千葉市立稲毛

2012
3月号

いざっ！　都の西北早稲田へ
勉強が楽しくなる雑学【理科編】

SCHOOL EXPRESS
豊島岡女子学園

Focus on
東京都立三田

2011
12月号

よくわかる推薦入試
見て触って学べる施設特集!

SCHOOL EXPRESS
中央大学横浜山手

Focus on
埼玉県立大宮

2012
1月号

中3生向け冬休みの勉強法
東大生に聞く
入試直前の過ごし方

SCHOOL EXPRESS
法政大学

Focus on
神奈川県立多摩

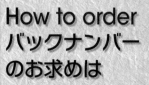

これより前のバックナンバーはホームページでご覧いただけます（http://success.waseda-ac.net/）

サクセス15 バックナンバー 好評発売中!

How to order バックナンバーのお求めは

バックナンバーのご注文は電話・FAX・ホームページにてお受けしております。詳しくは100ページの「information」をご覧ください。

編集後記

少しずつ冬が近づき、空気が冷たくなってきましたね。受験生をはじめ、みなさん体調管理には十分気をつけてください。

特集で取りあげた立教大は、この時期キャンパス内のツタが黄色く色づくそうです。いつもと違う表情を見せる木々は、私たちの心を和ませてくれます。大学を見学しに行ったときは、キャンパスのそんなところにも注目してみるとより楽しめるのではないでしょうか。

留学特集の方も合わせて、今月号の特集はみなさんのこれからの夢が膨らむような内容となっています。これを参考にして、高校生や大学生になったときの自分を想像してみてくださいね。(N)

Success15
12月号

Information

『サクセス15』は全国の書店にてお買い求めいただけますが、万が一、書店店頭に見当たらない場合は、書店にてご注文いただくか、弊社販売部、もしくはホームページ(下記)よりご注文ください。送料弊社負担にてお送りします。

定期購読をご希望いただく場合も、上記と同様の方法でご連絡ください。

Opinion, Impression & etc

本誌をお読みになられてのご感想・ご意見・ご提言などがありましたら、ぜひ当編集室までお声をお寄せください。また、「こんな記事が読みたい」というご要望や、「こういうときはどうしたらいいの」といったご質問などもお待ちしております。今後の参考にさせていただきますので、よろしくお願いいたします。

サクセス編集室
TEL 03-5939-7928
FAX 03-5939-6014

高校受験ガイドブック2012⑫ サクセス15

発行 2012年11月15日 初版第一刷発行
発行所 株式会社グローバル教育出版
〒101-0047 東京都千代田区内神田2-4-2
TEL 03-3253-5944
FAX 03-3253-5945
http://success.waseda-ac.net
e-mail success15@g-ap.com
郵便振替 00130-3-779535
編集 サクセス編集室
編集協力 株式会社 早稲田アカデミー

Next Issue

1月号は…

Special 1

冬休みの過去問活用法!

Special 2

私のお守りエピソード

School Express

中央大学高等学校

Focus on

埼玉県立越谷北高等学校

9784903577104

1926037008002

ISBN978-4-903577-10-4

C6037 ¥800E

定価：本体800円+税

グローバル教育出版